Zebra 4

Arbeitsheft
Lesen / Schreiben

Neubearbeitung von
Susanna Eckhoff
Maren Labs
Sonja Liebner-Möller
Andreas Körnich

Beratung von
Saskia Ruff
Dr. Christina Köpp
Maren Schrader

Ernst Klett Verlag
Stuttgart · Leipzig

Inhalt

MK Medienkompetenz

MK Medienkompetenz

Geistesblitze und Lerngewitter

→ LE
S. 6
S. 7

Buchstaben früher

Der Begriff „Buchstabe" kommt aus der Zeit, als Germanen Schriftzeichen in Stäbchen aus Buchenholz ritzten. Diese Schriftzeichen werden auch Runen genannt.

○ **1** Sieh dir die Runen der Wikinger genau an. Was fällt dir auf?

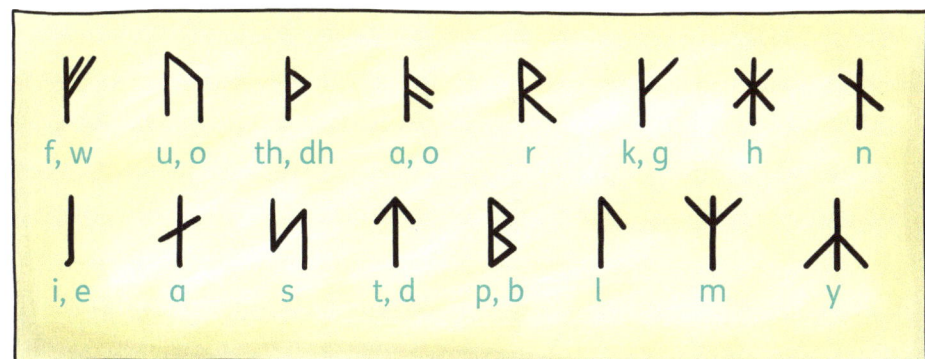

◐ **2** Kannst du die Packliste für deinen Schulranzen lesen?

   Lösung: _____

   Lösung: _____

     Lösung: _____

Warum kann ich nicht Franz schreiben?

◐ **3** Schreibe in Runenschrift.

_____   _____   _____

Lineal   Kleber   Brotdose

● **4** Schreibe eine geheime Botschaft in Runenschrift.

R: S. 5 Nr. 4

Morgen: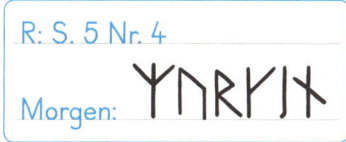

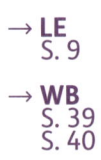

→ **LE**
S. 9

→ **WB**
S. 39
S. 40

Lernen organisieren

Das Lernen kann man lernen. So gehst du vor:
- Ordne deine Unterlagen.
  Was weißt du schon? Was hast du noch nicht verstanden?
- Beschaffe dir fehlende Informationen.
- Wähle eine Methode, mit der du lernen möchtest:
  Mindmap, Lernkarten, Stichwortzettel oder Lernplakat.
- Mache dir einen Zeitplan zum Üben.

○ **1** Ordne die Sätze aus dem Merkkasten den passenden Bildern zu. Schreibe.

Checkliste:
Unterlagen vollständig ☐
Informationen vollständig ☐
Zeitplan erstellt ☐

_____

_____

_____

_____

_____

_____

Schule in Deutschland

_____

_____

_____

Lernzeitplan
Mo	16–17 Uhr
Mi	17–18 Uhr
Do	15–16 Uhr

_____

_____

_____

○ **2** ☺☺ Überlegt, wie, wann und wo ihr am besten lernen könnt.
Tauscht euch aus.

→ **LE** S. 9

→ **WB** S. 41

Lernkarten anlegen

Mit Lernkarten kann man neue Inhalte üben. Du kannst sie zu allen Themen in allen Fächern anlegen. So gehst du vor:
- Ordne das Thema in Unterthemen.
- Suche zu jedem Unterthema eine Überschrift. Notiere sie auf der Vorderseite der Karte.
- Auf die Rückseite schreibst du die passenden Stichwörter.
- Übe, indem du nur die Vorderseite mit der Überschrift anschaust und zu den Stichwörtern erzählst.

Tom hat sich zu „Schule in Frankreich" eine Lernkarte angelegt.

○ **1** Lies das Beispiel.

Schule in Frankreich

- L' école élémentaire (Grundschule), bis zur 5. Klasse
- Schule beginnt um 08.30 Uhr und endet um 15.30 Uhr/16.30 Uhr
- Noten von 0 bis 20 (20 ist die beste)
- Unterrichtsstunde 55 Minuten
- alle Schulen Ganztagsschulen

2 Markiere die Schlüsselwörter im Text „Schule in Großbritannien".

3 Schreibe die Schlüsselwörter auf die Rückseite der Lernkarte zu „Schule in Großbritannien".

Schule in Großbritannien
Die Kinder in Großbritannien werden mit 4 bis 5 Jahren eingeschult. Sie gehen zunächst auf die Primary School, das ist die Grundschule.
Die Schule beginnt um 9 Uhr und endet um 15 Uhr.
In Großbritannien ist die beste Note ein A.
Eine Unterrichtsstunde dauert 50 oder 55 Minuten.
Alle Kinder in Großbritannien tragen eine Schuluniform.

→ LE
S. 11

Fragen zu einem Text beantworten

○ **1** Lies den Text.

Die Klasse 4d – verrückte Einfälle!

„Ein verrückter Haufen seid ihr!" So bezeichnete der Klassenlehrer Herr Willie
seine Klasse 4d. Einmal war Herr Willie zu spät zum Unterricht erschienen.
Zur Strafe musste er im Krokodilskostüm Hofaufsicht führen.
Ein anderes Mal verkleidete sich die ganze Klasse als Clowns und fuhr so
zu einem Ausflug. Die anderen Leute staunten nicht schlecht.

Für das Sportfest hatte sich die Klasse etwas ganz Besonderes überlegt.
Die Schule veranstaltete ein „Lauffest" für einen guten Zweck. Jedes Kind
suchte sich Sponsoren, die für jede gelaufene Runde der Kinder einen Betrag
spendeten. Sie fragten ihre Eltern, Großeltern, Nachbarn und Freunde.
Die Lehrer hatten sich als Streckenposten oder Rundenzähler eingetragen.
Aber die 4d hatte andere Pläne. Unter dem Motto „Herr Willie – ein Frosch
muss hüpfen" zogen sie los und suchten Sponsoren für ihren Klassenlehrer.
Herr Willie musste dann im Froschkostüm seine Runden laufen. Das fanden
viele so lustig, dass sie gerne etwas spendeten. Die Verkäuferin aus
der Bäckerei nebenan zahlte sogar 2 Euro für jede Runde!

Und so stellten sie ihn am Tag des Sportfestes vor
vollendete Tatsachen. Die Sache mit dem Kostüm
war beschlossen. Er hatte keine Wahl.
Herr Willie schlüpfte in das Kostüm und
hüpfte los. Was für ein Spaß!
Die anderen Runden durfte er laufen,
damit ordentlich Geld zusammenkam.
Am Ende fiel er erschöpft auf den Rasen,
aber er hatte 250 Euro erlaufen!
Seine Klasse war sehr stolz auf ihn!

○ **2** Wie nennt Herr Willie seine Klasse?

☐ bekloppter Haufen

☐ nette Truppe

☐ verrückter Haufen

8

● **3** ✍🗫 „Ein Lauffest für einen guten Zweck" –
was bedeutet das?

○ **4** Wie waren die Kinder einmal bei einem Ausflug verkleidet?

_____

_____

○ **5** Was hatte sich die Klasse beim Sportfest für Herrn Willie überlegt?
Kreuze an.

☐ Er musste mit einem Roller die Runden fahren.

☐ Die Kinder verkleideten sich als Indianer.

☐ Herr Willie sollte im Froschkostüm laufen.

○ **6** Bei wem sammelten die Kinder Geld für das Sportfest?
Zähle auf:

_____

_____

_____

○ **7** Wie viel Euro hatte Herr Willie am Ende erlaufen?

_____

● **8** Was bedeutet die Redewendung „jemanden vor vollendete Tatsachen stellen"?
Erkläre.

_____

_____

_____

_____

→ LE
S. 18
S. 19

→ WB
S. 42

Eine Gegenstandsbeschreibung planen

Eine Gegenstandsbeschreibung kann dir helfen, einen verlorenen Gegenstand wiederzufinden. Gehe so vor:

- Wähle eine genaue Bezeichnung für den Gegenstand.
- Lege eine Reihenfolge für die Beschreibung fest.
- Schreibe im Präsens (Gegenwart).
- Benenne die Einzelteile mit ihren Fachbegriffen.
- Beschreibe, wo sich die Teile befinden.
- Sammle treffende Wörter zu folgenden Eigenschaften:
  Form, Größe, Farbe, Material und Besonderheiten.
- Formuliere sachlich.

○ **1** Lies die Suchanzeige

Sporttasche verloren

Ich vermisse seit Donnerstag meine Sporttasche. Sie ist rechteckig. Die Farbe ist hellblau. An jeder Seite hat sie eine Tasche mit hellblauen und dunkelblauen Streifen. Oben ist ein großer Reißverschluss. Daran hängt ein hellblauer Delfin. Der Tragegurt und die beiden Henkel sind grau. Das Polster am Gurt ist dunkelblau. Finder bitte im Schulbüro melden! Danke!
Swen

○ **2** Male die Sporttasche so an, wie sie in der Gegenstandsbeschreibung beschrieben wird.

◔ **3** Suche treffende Wörter für die Tasche auf dem Bild und trage sie ein.

Form: _____

Größe: _____

Farbe: _____

Material: _____

Besonderheiten: _____

10

→ **LE**
S. 18
S. 19

Eine Gegenstandsbeschreibung schreiben

→ **WB**
S. 43

Ella hat ihren Sportbeutel an der Bushaltestelle liegengelassen.
Leider war er nicht mehr da, als sie an die Haltestelle zurückkam.

1 Hilf Ella, die Suchanzeige zu schreiben.
Beachte die Hinweise aus dem Merkkasten.

Sportbeutel verloren

Am Donnerstag habe ich meinen Sportbeutel an der Bushaltestelle
„MEISENWEG" vergessen. Er ist dreieckig und hat ...

_____

_____

_____

_____

_____

_____

_____

_____

_____

_____

_____

Verwende treffende Adjektive und Verben.

Schreibe so genau wie möglich: Mein Sportbeutel ist oval, klein und handlich und hat natürlich Streifen.

→ LE
S. 18
S. 19

Eine Gegenstandsbeschreibung überarbeiten

○ **1** Lies Johannas Suchanzeige.

→ WB
S. 42

Verloren!
Ich suche meine Armbanduhr.
Sie ist so schön!
Meine Oma hat sie mir zum Geburtstag
geschenkt. An der Seite hat sie ein Einhorn.
Das guckt ganz lieb. Blumen sind auch drauf.
Die Uhr ist von der Marke Tiki.
Sie ist rund, hat ein silbernes Gehäuse
und silberne Zeiger. Wenn du sie findest,
melde dich bitte bei Johanna in der 4b.
Danke!
Johanna

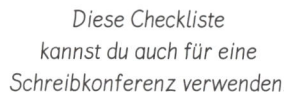

◔ **2** Überprüfe Johannas Beschreibung
mit Hilfe der Checkliste:
Kreuze an.

Diese Checkliste
kannst du auch für eine
Schreibkonferenz verwenden.

	☺	😐	☹
Wähle eine genaue Bezeichnung.			
Beschreibe in der festgelegten Reihenfolge.			
Schreibe im Präsens.			
Nenne alle wichtigen Teile mit ihren Fachbegriffen.			
Beschreibe genau, wo sich etwas befindet.			
Verwende treffende Wörter zu Form, Größe, Farbe, Material und Besonderheiten.			
Formuliere sachlich.			

 ◔ **3** Überarbeitet eure Beschreibungen von S. 11 in einer Schreibkonferenz.

12

→ **LE**
S. 20
S. 21

Genau lesen: Logical

Die Klasse 4a geht auf Klassenfahrt. Die Mädchen bekommen Zimmer mit Tiernamen.

1 Finde heraus, welche Namen die Zimmer haben und welche Mädchen sich ein Zimmer teilen. Lies zuerst den ganzen Text.

2 Lies nun Satz für Satz. Streiche durch, was du eingetragen hast.

- Maya hat zu Hause ein Aquarium, deshalb möchte sie zu den Fischen.
- Rechts von den Fischen wohnen die Katzen, links die Vögel.
- Emily geht mit ihrer besten Freundin Maya in ein Zimmer.
- Swetlana und Sina haben sich für getrennte Räume entschieden.
- Julia möchte weder mit Sina noch mit Maya in ein Zimmer.
- Lisa und Esmanur flüstern gern. Sie teilen sich ein Doppelstockbett im Zimmer von Julia und Swetlana.
- Aness bewohnt gerne ein Zimmer mit ihrer Zwillingsschwester Sina.
- Sina möchte zu den Katzen.
- Swetlana mag keine Fische.
- Mia schläft im Bett über Annika.
- Alina möchte weder zu den Vögeln noch zu den Fischen.
- Annika geht in den Raum zwischen Alinas und Julias Schlafräumen.

3 In welchem Raum ist noch ein Bett frei?
Vergleicht eure Ergebnisse.

13

→ LE
S. 23

Vermutungen zu einem Text anstellen

○ **1** Lies die Überschrift und sieh dir das Bild an.
Worum geht es in der Geschichte?
Vermute.

◑ **2** Decke die unteren Abschnitte zu.
Lies Abschnitt für Abschnitt und
beantworte die Fragen.

Linas Bauchschmerzen

Lina hat Bauchschmerzen. Ganz zuverlässig jeden Morgen um 6.30 Uhr.
Von Montag bis Freitag, bevor sie in die Schule geht. „Mama, ich habe
Bauchschmerzen!", sagt Lina dann immer. Manchmal gehen die Bauch-
schmerzen in der Schule weg. Manchmal muss Mama sie abholen.

Warum hat Lina Bauchschmerzen? Schreibe deine Vermutung auf:

_____

_____

Seit einigen Wochen verschwinden in der Schule regelmäßig Linas Sachen.
Mal ist die Federtasche verschwunden, mal fehlt ihr Turnbeutel oder
der Anhänger ihres Schulranzens. Die anderen lachen auch manchmal
über sie. Zum Beispiel, wenn Lina im Sportunterricht auf dem Kasten
hängen bleibt, anstatt darüber zu springen.

Was könnte Lina tun?_____

_____

Nur Karli lacht nicht. Er tröstet Lina, wenn sie traurig ist und verrät ihr,
wo ihre Sachen versteckt sind. Lina hat letzte Woche auch ihrem Lehrer
von den Bauchschmerzen erzählt. Und von den verschwundenen Dingen.
Herr Schmidt hat sich das alles in Ruhe angehört und schließlich gesagt:
„Lina, die Bauchschmerzen bekommen wir wieder weg. Alles andere
bekommen wir auch in den Griff! Ich habe schon einen Plan!"

Wie könnte der Lehrer helfen? Überlegt gemeinsam.

Das kann ich schon

1 Schreibe eine Lernkarte zu „Schule in Finnland".

Schule in Finnland
In Finnland gehen die Kinder
mit sieben Jahren das erste Mal
in die Schule.
Es gibt Noten von 4 bis 10.
10 ist die beste Note.
Eine Unterrichtsstunde
dauert 45 Minuten.
In der ersten und zweiten Klasse
dürfen die Schultage nicht länger
als 5 Stunden sein.
Mittagsessen, Bücher und
andere Lernmaterialien
sind kostenlos.

---

2 Lies die Suchanzeige.

Flasche verloren!
Meine Flasche ist grün. Sie hat zwei Deckel.
Auf der Flasche ist ein Schwein abgebildet.
Wenn du sie findest, gib sie bitte im Schulbüro ab.
Sara

	☺	😐	☹
Wähle eine genaue Bezeichnung.			
Beschreibe in der festgelegten Reihenfolge.			
Schreibe im Präsens.			
Nenne alle wichtigen Teile mit ihren Fachbegriffen.			
Beschreibe genau, wo sich etwas befindet.			
Verwende treffende Wörter zu Form, Größe, Farbe, Material und Besonderheiten.			
Formuliere sachlich.			

3 Überarbeite Saras Beschreibung mit Hilfe der Checkliste.

Hand aufs Herz

→ LE
S. 34
S. 35

Genau lesen: Logical

○ **1** Lies zuerst den ganzen Text.

- Das Kind ganz rechts heißt Lola.
- Das dritte Kind hat im Sommer Geburtstag.
- Das Kind ganz links spielt gerne Basketball.
- Lola steht neben dem Kind, das im Schwimmverein ist.
- Till steht rechts neben Anna. Er ist in sie ein wenig verliebt.
- Das Kind, das Basketball spielt, hat im Frühling Geburtstag.
- Lola hat im Winter Geburtstag und ist in Till verliebt.
- Das Kind, das im Tanzverein ist, hat im Herbst Geburtstag.
- Ramon steht neben dem Kind, das im Fußballverein ist.
- Lola ist in denselben Jungen verliebt wie Anna.
- Ramon ist in das Kind, das ganz rechts steht, verliebt.

Ich streiche im Text durch, was ich eingetragen habe.

◑ **2** Lies nun Satz für Satz. Trage in die Tabelle ein.

	1. Kind	2. Kind	3. Kind	4. Kind
Name				
Geburtstag				
Lieblingssport				
… ist verliebt in …				

◑ **3** Beantworte die Fragen.

Wer spielt gerne Fußball? _____

In wen ist Lola verliebt? _____

16

Gefühle beschreiben

→ LE
S. 36
S. 37

○ **1** Die Kinder der 4b erzählen vom Wochenende.
Was könnten die Kinder sagen? Schreibe.

Ich gucke mir die Gesichter genau an.

◑ **2** Ordne die Adjektive den Gefühlen zu.

| niedergeschlagen | wütend | verliebt |

| fröhlich | geknickt | verärgert |

| traurig | ungehalten | heiter |

Ich bin glücklich über meine schönen Streifen.

Glück	Trauer	Wut

◑ **3** Ergänze weitere Adjektive.

17

→ LE
S. 39

Zu einem Gedicht malen

○ **1** 👥 Lest das Gedicht. Klärt unbekannte Wörter.

Glück

Kirschen essen,
hundert Kerne spucken,
Liebesbriefe
mit Kartoffeln drucken.

Suppenkraut zu
Lorbeerkränzen winden*,
kunterbunte
Kieselsteine finden,

barfuß durch die
Regenpfützen laufen,
dreizehnmal am Tage
Eiskrem kaufen,

Pfeil und Herzen
auf den Gehsteig malen,
für ein Luftschloss
keine Miete zahlen,

um die Welt gehen
und zurück
das ist Glück.

Ingrid Lissow

○ **2** Male passende Bilder zu den Strophen.

● **3** 👥 🗣 Lernt das Gedicht auswendig. Tragt es vor.

*Lorbeerkranz winden: einen Kranz aus Lorbeerzweigen flechten

18

→ LE
S. 40
S. 41

→ WB
S. 44
S. 45

Den Höhepunkt einer Geschichte gestalten

Der **Höhepunkt** ist die spannendste Stelle in einer Geschichte.
So erzeugst du Spannung:
- Erzähle mit vielen Einzelheiten.
- Formuliere kurze Sätze.
- Schreibe, was die Personen denken, fühlen und sagen.
- Schreibe Ausrufe.
- Stelle Fragen.

○ **1** Lies den Textausschnitt.

Jonas schlief zum ersten Mal bei seinem Freund Milo.

Alles war anders als zu Hause.

Wenn Jonas sich bewegte, knarrte es.

Oder war da jemand im Zimmer?

Ängstlich drückte er seinen Teddy an sich.

„Milo, schläfst du schon?", flüsterte Jonas.

Keine Antwort. Milo schlief schon.

„Oh je! Ob ich nach Milos Eltern rufe?",

dachte Jonas. Oder sollte er das Licht anmachen?

Da öffnete sich leise die Tür. Milos Mama fragte:

„Na, kannst du nicht einschlafen?" ...

◑ **2** Markiere: Ausrufe; Fragen; denken, fühlen, sagen.

● **3** Schreibe einen spannenden Höhepunkt.

Gestern war ich bei meiner Oma zu Besuch. Sie bat mich,
etwas aus dem Keller zu holen. Das ist so ein alter, dunkler Keller,
der mir Angst macht. Aber ich wollte mutig sein.
Langsam ging ich die Kellertreppe hinunter.
Als ich ...

→ **LE**
S. 42
S. 43

Eine Reizwortgeschichte planen und schreiben

○ **1** Lies die Reizwörter. Wähle die Wörter einer Gruppe aus.

In einer Reizwortgeschichte spielen diese Wörter eine wichtige Rolle.

| Tränen – Spiel – gewinnen |

| Kuss – Theaterstück – stolz |

| Angst – Bruder – schlafen |

| Schwimmbad – Freund - sauer |

◔ **2** Notiere Stichwörter zu deiner Geschichte.

Einleitung:

Wer?

Wann?

Wo?

Hauptteil:

Schluss:

Finde
eine Einleitung,
einen Hauptteil und
einen passenden
Schluss.

Einleitung: Wer? Wann? Wo?
Hauptteil: Was passiert genau?
Schluss: Wie endet die Geschichte?

 ◔ **3** Schreibe deine Geschichte auf.

R: S. 20 Nr. 3
Reizwörter:

→ LE
S. 42
S. 43

Eine Reizwortgeschichte überarbeiten

○ **1** Lies Lenos Geschichte zu den Reizwörtern
Kuss – Theaterstück – stolz. Markiere die Reizwörter.

Der Schatz

Die Klasse 4a führt zum Schulfest ihr Theaterstück auf.

Alle Kinder spielen eine Rolle.

Luisa und Marius wollen unbedingt die Hauptrollen bekommen.
Zuerst
~~Dann~~ üben sie nur den Text.

Dann kommen die ersten Proben.

Dann muss Marius auf Luisa zugehen.

Dann nimmt er ihre Hand und sagt:

„Endlich habe ich meinen Schatz gefunden!"

Dann muss Marius Luisa auf die Wange küssen.

Eigentlich ist Marius mutig. Aber einen Kuss vor allen?

Dann kommt die Aufführung.

Dann nimmt Marius all seinen Mut zusammen und – küsst Luisa.

Auf den Applaus und das Lächeln von Luisa ist Marius besonders stolz.

● **2** Markiere die Satzanfänge. Was fällt dir auf?

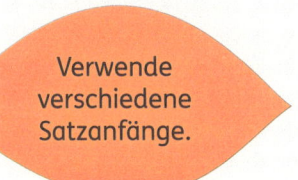

Verwende
verschiedene
Satzanfänge.

*Verschiedene Satzanfänge
machen deine Geschichte
abwechslungsreich.*

3 Überarbeitet eure Reizwortgeschichte
von S. 20 in einer Schreibkonferenz.

Nun	*Danach*	*Endlich*
Später	*Schließlich*	
Zuerst	*Jetzt*	*Anschließend*

Genau lesen: Unterschiede in einem Text finden

○ **1** Lies den Text.

Schlechte Laune

Johanna geht zu ihrer Freundin Julia. Aber Julia ist nicht allein.
Ihre beiden Brüder Jan und Ole sind da.
Sie wollen gern mit den beiden Mädchen zusammen spielen.
Johanna meckert: „Dazu habe ich keine Lust.
Dann gehe ich lieber nach Hause und lese mein Buch weiter."
Julia, Ole und Jan sind traurig und verstehen das nicht.
Johanna lässt sich nicht überreden dazubleiben.
Zu Hause nimmt sie ihr Buch zur Hand.
Aber sie hat schlechte Laune und kann nicht lesen.
Sie fragt sich, warum sie manchmal so launisch ist.
Eigentlich sind Julias Brüder doch nett.
Morgen wird sie sich bei Julia entschuldigen.

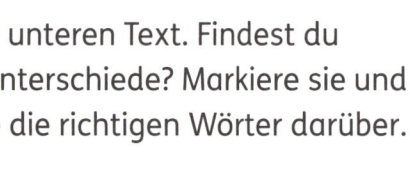

◗ **2** Lies den unteren Text. Findest du
die 10 Unterschiede? Markiere sie und
schreibe die richtigen Wörter darüber.

Schlechte Laune

       geht
Johanna ~~fährt~~ zu ihrer Freundin Julia. Aber Julia ist nicht allein.

Ihre beiden Cousins Jan und Ole sind da.

Sie wollen gern mit den beiden Mädchen gemeinsam spielen.

Johanna mault: „Dazu habe ich keine Lust.

Dann gehe ich jetzt nach Hause und lese mein Buch weiter."

Julia, Ole und Jan sind wütend und verstehen das nicht.

Johanna lässt sich nicht überreden dazubleiben.

Zu Hause nimmt sie ihr Buch zur Hand.

Aber sie hat miese Laune und kann nicht lesen.

Sie fragt sich, warum sie immer so launisch ist.

Eigentlich sind Julias Brüder sehr nett.

Morgen will sie sich bei Julia entschuldigen.

22

→ **LE**
S. 54

→ **WB**
S. 47

Eine Umfrage mit einem Diagramm auswerten

Eine Umfrage kannst du mit einem Diagramm auswerten.
So machst du sichtbar, wie oft welche Antworten gegeben wurden.
• Zähle nach, wie oft jede Antwort gegeben wurde.
• Male für jeden Strich bei der entsprechenden Antwort ein Kästchen aus.
• Was sagen dir deine Ergebnisse? Stelle sie vor.

○ **1** 🖉👥 Die Kinder der Klasse 4c haben eine Umfrage durchgeführt.
Besprecht die Ergebnisse.

Welche Bedeutung hat Sport für dich?											
Spaß an der Bewegung											
Spaß am Wettkampf											
Zusammensein mit anderen											
Sport ist gesund											
gar keine											

◗ **2** 🖉👥 Wählt eine Frage aus. Tragt fünf mögliche Antworten ein.
Führt die Umfrage durch.

Fragt 12 Personen. Malt zu jeder Antwort ein Kästchen aus.

Wo machst du außerhalb der Schule Sport?

Welche Sportart bevorzugst du?

Was machst du, um fit zu bleiben?

Frage:										

◗ **3** 👥 Stellt eure Ergebnisse vor.

→ LE
S. 56
S. 57

→ WB
S. 48
S. 49

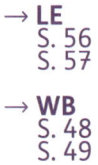

Sich eine Meinung bilden und sie vertreten

Wenn du dir zu einem Thema eine Meinung bilden möchtest, gehe so vor:
- Informiere dich an verschiedenen Stellen zum Thema.
- Lege eine Tabelle mit Pro- und Kontrapunkten an.
- Finde aufgrund der Argumente heraus, welche Meinung du vertreten kannst.

☐ **Handball**

der Sport für Jungen und Mädchen

☐ **Leicht-athletik**

Wettkämpfe bestreiten

☐ **Tanzen**

Musik und Bewegung – das macht Spaß

☐ **Reiten**

Liebst du Pferde? Dann komm zu uns!

○ **1** Welche Sportart interessiert dich? Kreuze an.

◐ **2** Was spricht dafür, was könnte dagegen sprechen? Informiere dich zu der gewählten Sportart und trage Argumente in die Tabelle ein.

pro – dafür	kontra – dagegen

◐ **3** Welche Meinung könnt ihr vertreten?
Stellt eure Meinungen vor. Begründet sie mit Argumenten.

24

→ LE
S. 56
S. 57

Eine Diskussion führen

Einige Kinder der Klasse 4a wünschen sich Sitzbänke auf dem Pausenhof.
Die Klasse diskutiert über den Vorschlag.

○ **1** Lies die Aussagen der Kinder.

○ **2** ⇔ Welche Meinungen werden ohne Begründung vorgetragen?

◑ **3** Legt eine Tabelle an und sammelt Pro- und Kontrapunkte.

● **4** ⇔ Führt die Diskussion zum Thema durch.
Einigt euch auf eine Lösung.

Das kann ich schon

○ **1** Lies den Textausschnitt.
Markiere die Sätze, die den Höhepunkt spannend machen:
<mark>Ausrufe</mark>; <mark>Fragen</mark>; <mark>denken, fühlen, sagen</mark>.

Nun waren sie in der Höhle.
Alle Kinder gingen hintereinander.
Der Gang war eng. Es war ziemlich dunkel.
Dabei roch es seltsam.
Gero ging ganz hinten. Da! Was war das?
Hoppla! Hatte ihn da etwas am Kopf gestreift?
Gero glaubte nicht an Gespenster.
Trotzdem zitterte er. Die anderen gingen einfach weiter.
Er hockte sich ängstlich hin. Da spürte er die Hand des Lehrers
auf seiner Schulter. Er sagte: „Hab keine Angst. Das war nur
eine Fledermaus." ...

_____

○ **2** Lies den Text.

Liebe Oma,

am Montag durfte ich zum ersten Mal allein mit dem Bus zu

meiner Freundin Hanna fahren. Das war gar nicht schwierig.

Zuerst ging ich auf der Königstraße bis zur Haltestelle.

Dann wartete ich auf den Bus Nummer 201. Dann stieg ich ein.

Danach
~~Dann~~ kaufte ich beim Fahrer eine Fahrkarte.

Dann habe ich die Karte entwertet.

Dann fuhr ich drei Stationen.

Dort holte mich Hanna ab.

Bald kommt mich Hanna besuchen.

Liebe Grüße,

deine Jule

○ **3** Markiere die Satzanfänge. Was fällt dir auf?

◑ **4** Verbessere den Text.

26

Einsam, zweisam, gemeinsam

Genau lesen: Logical

→ LE
S. 64
S. 65

○ **1** Lies zuerst den ganzen Text.

Lino, Samir, Thore und Viktor sind gute Freunde.
Sie spielen alle Fußball und leihen sich sogar ihre Lieblingsbücher aus.
- Viktor trägt das blaue Trikot seines Fußballvereins.
- Rechts neben ihm steht der Junge, der Bücher über Vulkane liest.
- Die Jungen, die beide ein rotes Trikot tragen, stehen nebeneinander.
- Der Junge im roten Trikot ganz links mag Märchen.
- Er steht neben Lino.
- Der Junge mit dem gelben Trikot heißt Thore.
- Der Junge neben Thore liest Bücher über Fußball.
- Linos Lieblingsbuch handelt von Tieren.
- Rechts von ihm steht Viktor.

○ **2** Male die Trikots an und ergänze die Namen und die Lieblingsbücher.

○ **3** Beantworte die Frage.

Wie heißt der Junge, der Märchen liest? _____

27

→ **LE**
S. 66 –
S. 68

→ **WB**
S. 50
S. 51

Eine Geschichte zu Bildern planen und schreiben

Wenn du eine Geschichte zu Bildern schreibst, gehe so vor:
- Sieh dir vor dem Schreiben zuerst alle Bilder genau an.
- Schreibe das Geschehen in der richtigen Reihenfolge auf.
- Erzähle auch, was zwischen den Bildern geschieht.
- Schreibe auf, was die Personen denken, fühlen und sagen.
- Schreibe die Geschichte so auf, dass sie der Leser auch versteht, wenn er die Bilder nicht kennt.
- Finde eine passende Überschrift.

○ **1** Sieh dir das Bild genau an.

◐ **2** Beantworte die Fragen mit Stichwörtern.

Wer ist zu sehen? _____

_____

Was könnte vermutlich vor dem ersten Bild geschehen sein?

_____

Wo spielt die Geschichte? _____

Wann spielt die Geschichte? _____

 ◐ **3** Schreibe die Einleitung zu deiner Geschichte.

Lass die oberste Zeile frei, damit du zum Schluss die Überschrift ergänzen kannst.

R: S. 28 Nr. 3
Ü:
Simon, Luisa und Frieder haben sich verabredet. Sie wollen zusammen ...

4 Was denken, fühlen und sagen die Personen?
Schreibe Stichwörter neben die Bilder.

Was geschieht?

_____

_____

_____

_____

_____

_____

_____

_____

_____

_____

_____

_____

_____

_____

_____

Verwende
die wörtliche Rede.

*Die wörtliche Rede macht
deine Geschichte lebendig.*

5 Schreibe den Hauptteil zu deiner Geschichte.

6 Schreibe einen passenden Schluss und eine Überschrift.

Eine Geschichte zu Bildern überarbeiten

→ LE
S. 66 –
S. 68

○ **1** Lies den Textausschnitt aus Lilos Geschichte. Was fällt dir auf?

> ... Simon und Luisa lesen, was in dem Brief steht.
>
> Sie schauen sich fragend an.
>
> Sie verstehen nicht, was da steht.
>
> Nun entdeckt Simon ihren Freund Frieder.
>
> Simon sagt es.
>
> Frieder kommt lachend hinter dem Busch hervor.
>
> Er ruft etwas.
>
> Bello freut sich auch. Er rennt auf Frieder zu und bellt.
>
> Frieder hat ihnen also die Flaschenpost geschickt.

◑ **2** Gestalte den Textausschnitt spannender.
Ergänze, was die Personen sprechen.

_____

_____

_____

_____

_____

_____

_____

_____

_____

_____

_____

_____

 ● **3** Überprüft eure Texte in einer Schreibkonferenz.

→ LE
S. 72
S. 73

Fragen zu einem Text beantworten

○ **1** Lies den Text.

Eine besondere Familie

Monas Eltern haben sich getrennt. Seitdem wohnt sie
die Woche über mit ihrem Bruder Leon bei ihrer Mutter Elsa.
An den Wochenenden sind sie bei ihrem Vater Sven.
Da der Vater nun eine neue Frau, Karola, geheiratet hat,
haben Leon und Mona eine Stiefmutter. Mit ihr verstehen
sie sich gut. Besonders aber mögen sie die Zwillinge
Arne und Tristan, die Kinder von Karola. Die Zwillinge sind
also die Stiefbrüder von Leon und Mona.

Eine solche Familie, die sich aus ganz verschiedenen
Familien zusammensetzt, nennt man Patchwork-Familie.
Das Wort Patchwork ist Englisch und heißt: Flickwerk.
Patchwork-Decken werden aus verschiedenen Stoffteilen
zusammengenäht.

Man spricht:
pätsch-wörk.

◐ **2** Lies die Fragen. Markiere die Antworten im Text.
Schreibe sie auf.

Wann leben Mona und Leon bei ihrem Vater?

_____

Warum haben Mona und Leon eine Stiefmutter?

_____

Wie heißen Karolas Kinder?

_____

◐ **3** Schreibe die Frage zur Antwort auf.

Frage: _____

_____

Antwort: <u>Man nennt sie Patchwork-Familie.</u>

31

→ LE
S. 74
S. 75

Ein Buch präsentieren 1

Zu einer **Buchpräsentation** gehören immer folgende Informationen:
- Titel des Buches, Autor/Autorin, Illustrator/Illustratorin und Verlag,
- kurze Inhaltsangabe,
- Hauptperson oder mehrere Hauptpersonen des Buches,
- Vorlesen einer interessanten, spannenden oder witzigen Textstelle,
- die eigene Meinung zum Buch.

○ **1** Suche dir ein Buch aus, das du präsentieren möchtest.

Mein Buch heißt: _____

Ich habe es ausgewählt, weil _____

○ **2** Ergänze folgende Angaben:

Autor/Autorin: _____

Illustrator/Illustratorin: _____

Verlag: _____

> Lass deine Zuhörer Fragen stellen.

○ **3** Fülle die Lücken im Text mit Hilfe des Merkkastens.

Tipps zur Buchpräsentation

Nenne zu Beginn den _____ des Buches und wer es

geschrieben hat. Dann erzähle in einer kurzen _____,

worum es in dem Buch geht. Stelle dabei auch die _____

vor. Das Ende des Buches solltest du nicht verraten.

Wähle eine _____ aus, die du vorlesen möchtest.

Wähle dazu eine Stelle im Buch aus, die _____,

_____ oder _____ ist.

Übe das Vorlesen. Erzähle kurz, was vorher geschehen ist.

Willst du das Buch weiterempfehlen? Zum Abschluss kannst du

deine _____ zum Buch sagen.

→ LE
S. 74
S. 75

Ein Buch präsentieren 2

Die Klasse 4c hat ein Buchprojekt durchgeführt. Jedes Kind hat ein Buch gelesen und will es nun präsentieren. Dazu haben sie sich verschiedene Möglichkeiten überlegt.

Was mache ich denn nun? Es gibt so viele Möglichkeiten zur Präsentation.

○ **1** Ordne die Bilder der Art der Präsentation zu.
Schreibe sie neben das jeweilige Bild in die oberste Zeile.

| Leserolle | Mind-Map | Lesekiste | Plakat |

_____

_____

_____

_____

○ **2** Beschreibe die Arten der Präsentation in den weiteren Zeilen.

○ **3** ◁ Welche Präsentation würdest du wählen? Begründe.

→ LE
S. 78 –
S. 80

Eine Begründung schreiben

Viele Länder dieser Welt haben eine Abmachung zu den Rechten der Kinder beschlossen. Man nennt sie „Konvention über die Rechte des Kindes".

1 Lies die Textausschnitte aus dieser Konvention.

Gleichheit
Alle Kinder haben die gleichen Rechte, egal wer sie sind, wo sie leben, woher sie kommen, welche Hautfarbe sie haben, was ihre Eltern machen, welche Sprache sie sprechen, ... ob sie eine Behinderung haben, ob sie arm oder reich sind.

Gesundheit
Du hast das Recht auf die bestmögliche Gesundheit, medizinische Behandlung, ... und das Recht zu lernen, wie man gesund lebt.

Erziehung
Du hast das Recht, von beiden Eltern erzogen und gefördert zu werden. ...

Bildung
Du hast das Recht auf eine gute Schulbildung. ... Du sollst dabei unterstützt werden, den besten Schul- und Ausbildungsabschluss zu machen, den du schaffen kannst.

Meinungsfreiheit
Du hast das Recht, deine eigene Meinung mitzuteilen, und Erwachsene müssen das, was du sagst, ernst nehmen.

2 Wähle zwei Rechte aus, die dir besonders wichtig sind. Begründe deine Entscheidung.

denn, weil

Recht: _____

Begründung: _____

_____

Recht: _____

Begründung: _____

_____

3 Welche Rechte sind besonders wichtig? Sprecht darüber.

→ LE
S. 82
S. 83

Informationen entnehmen

○ **1** Lies den Text.

Berufswünsche

Die Kinder der Klasse 4a haben über ihre Berufswünsche gesprochen.
Zuerst erzählt Lisa: „Ich möchte auf jeden Fall Ärztin werden
wie meine Mutter. Ich helfe gerne anderen Menschen.
Ich weiß, dass ich dafür studieren muss."
„Das wäre nichts für mich. Ich möchte gerne
draußen arbeiten wie mein Vater. Der ist Lackierer.
Baggerführer zu werden, würde mir gefallen.
Dazu brauche ich eine Ausbildung von drei Jahren",
ruft Tobi dazwischen.
Nun ist Sina an der Reihe: „Ich werde im Geschäft
meiner Mutter arbeiten. Sie hat eine Schneiderei.
Die Ausbildung zur Schneiderin dauert drei Jahre.
Dann nähe ich mir wunderschöne Kleider. Das wird toll!"
„Wie langweilig!", meint Samed, „ich werde Sänger.
Auf keinen Fall will ich den ganzen Tag als Verkäufer
im Geschäft stehen wie mein Onkel. Ich werde berühmt.
Da reicht es, wenn ich ein Jahr Gesangsunterricht nehme."

2 Lies den Text noch einmal.
Trage passende Informationen in die Tabelle ein.

Name	Berufswunsch	Begründung
Lisa		
ich		

○ **3** 🗩🗩 Vergleicht mit einem Partner.

● **4** Ergänze die letzte Zeile mit deinem Berufswunsch. Begründe.

35

→ LE
S. 86
S. 87

→ WB
S. 52

Ein Interview planen und durchführen

So kannst du ein **Interview** planen und durchführen:
* Sammle Informationen zu der Person oder dem Thema.
* Formuliere deine Fragen und schreibe sie auf.
* Überlege, wie du die Antworten festhalten kannst,
  z. B. aufschreiben, aufnehmen, filmen.
* Präsentiere deine Ergebnisse.

Die Kinder der Klasse 4a möchten mehr zu einzelnen Berufen erfahren.

○ **1** 🗨 Sprecht darüber, wie sie vorgehen.

Lasst uns Menschen nach ihren Berufen fragen.

Wir überlegen uns vorher Fragen.

Lasst uns Verwandte und Freunde befragen.

Es gibt so viele Berufe!

○ **2** 🗨 Schreibt Fragen für ein Interview auf.

Frage	Antwort
1.	1.
2.	2.
3.	3.
4.	4.
5.	5.

○ **3** 🗨 Überlegt, wen ihr befragen wollt.

◑ **4** 🗨 ⬯ Führt Interviews zum Thema **Berufe** durch.

◑ **5** 🗨 ⬯ Stellt eure Ergebnisse vor.

36

Name: _____ Datum: _____

Das kann ich schon

○ **1** Lies den Text.

Ein neues Mitglied der Familie

Ludwig ist das einzige Kind in der Familie Körber. Wenn er schlechte Laune
hat oder etwas anderes spielen möchte als seine Freunde,
rufen sie oft: „Typisch Einzelkind! Du musst dich ja nie um andere sorgen."
Als Ludwigs Vater heute nach Hause kommt, sagt er: „Komm, wir fahren
ins Tierheim. Mama und ich sind der Meinung,
dass du nun alt genug bist.
Du darfst dir einen Hund aussuchen."
Ludwig traut seinen Ohren nicht.
Endlich geht sein größter Wunsch in Erfüllung.
Nun wird er seinen Freunden antworten: „Ich habe einen Hund und
für den muss ich ganz allein sorgen."

◔ **2** Lies die Frage. Markiere die Antworten im Text und schreibe sie auf.

Wie lautet Ludwigs Familienname? _____

Wie sagen seine Freunde oft zu ihm? _____

_____

Wieso haben Ludwigs Eltern beschlossen, dass er einen Hund haben darf?

_____

● **3** Lies die Textausschnitte aus der „Konvention über die Rechte des Kindes".
Wähle einen aus. Begründe, warum er wichtig ist.

Freizeit
Du hast das Recht
auf Freizeit, zu spielen,
dich zu erholen ...

Erziehung
Wenn Erwachsene Entscheidungen über
dich treffen, sollen sie zuerst daran denken,
was das Beste für dich ist.

Auswahl: _____

Begründung: _____

_____

Wundervoll natürlich

→ **LE**
S. 94
S. 95

→ **WB**
S. 53

Ein Haiku schreiben

Haiku-Gedichte stammen aus Japan.
Sie erzählen mit 17 Silben von den Menschen und der Natur.
So schreibst du ein Haiku-Gedicht:
• Schreibe in die 1. Zeile fünf Silben.
• Schreibe in die 2. Zeile sieben Silben.
• Schreibe in die 3. Zeile fünf Silben.

○ **1** Lies die Gedichte. Welches Gedicht ist ein Haiku?
Überprüfe und kreuze an.

☐   Der Wald ist so schön.   ☐   Die Bäume sind groß.

       Bäume wachsen überall.   Sie wachsen gerade empor.

       Mir geht es hier gut.   Da kann ich nur staunen.

○ **2** Sammle Wörter zum Thema „Waldtiere" und zeichne Silbenbögen darunter.

◗ **3** Schreibe ein Haiku.

_____ 5 Silben

_____ 7 Silben

_____ 5 Silben

◗ **4** 👥 Überprüft, ob eure Gedichte Haikus sind.

→ **LE**
S. 98 –
S. 106

→ **WB**
S. 54

Informationen im Internet suchen

So suchst du im Internet Informationen zu einem Thema:
- Überlege dir Suchwörter zu deinem Thema.
- Wähle eine Kindersuchmaschine aus (z. B. www.blinde-kuh.de, www.fragfinn.de).
- Gib die ausgewählten Suchwörter in das Suchfeld der Suchmaschine ein und klicke auf Suchen, 🔍 oder Enter.
- Sortiere deine Suchergebnisse.
- Welche Ergebnisse sind hilfreich, welche nicht?

● ◔ **1** Lies die Fragen und markiere Suchwörter.

◔ **2** Gib die Suchwörter zu jeder Frage in eine Suchmaschine ein.
Schreibe die gefundenen Informationen in Stichwörtern auf.

Manchmal muss du auch mehrere Suchwörter eingeben.

Warum gibt es bei uns ein Waldsterben?

_____

_____

●

Wie schadet der Borkenkäfer dem Wald?

_____

_____

Warum werden Borkenkäfer auch als Buchdrucker bezeichnet? Forsche nach.

_____

_____

○ **3** 👥 Vergleicht eure Ergebnisse.

◔ **4** 👥 Welche Probleme hattet ihr bei der Suche im Internet?
Was lief gut? Tauscht euch aus.

→ **LE**
S. 98 –
S. 106

Informationen in Sachbüchern suchen

1 Wie recherchieren die Kinder? Tauscht euch aus.

→ **WB**
S. 55

2 Besorgt euch Sachbücher zum Thema „Wald".

3 Sucht in Sachbüchern Antworten auf die folgenden Fragen.
Schreibt sie auf.

Was ist das Besondere an dem Baum Lärche?

_____

_____

Stichwörter:_____ Seitenzahl:_____

Welche Pilze sind essbar?

_____

_____

Stichwörter:_____ Seitenzahl:_____

Welche Waldpflanzen stehen auf der **Roten Liste**?

_____

_____

Stichwörter:_____ Seitenzahl:_____

4 Vergleicht eure Ergebnisse.

5 War die Suche im Sachbuch oder im Internet hilfreicher?
Vergleicht und tauscht euch aus.

Name: Datum:

→ LE
S. 100
S. 101

Piktogramme erklären

○ **1** Schau das Bild genau an.

◐ **2** Was bedeuten die Piktogramme im Bild? Schreibe auf.

1. _____

2. _____

3. _____

4. _____

5. _____

6. _____

◐ **3** Denke dir ein weiteres Piktogramm für das Naturschutzgebiet aus.
Formuliere die Anweisung dazu.

```
┌─────────────┐
│             │  _____
│             │
│             │  _____
│             │
│             │  _____
│             │
└─────────────┘  _____
```

→ **LE**
S. 98
S. 99

→ **WB**
S. 56
S. 57

Einen Sachtext planen und schreiben

Wenn du einen Sachtext schreiben willst, gehe so vor:
• Wähle ein Thema und lege passende Unterthemen fest.
• Sammle Informationen dazu und ordne sie.
• Schreibe zu jedem Unterthema einen Abschnitt.
• Verwende Fachbegriffe und schreibe verständlich und genau.
• Schreibe ohne eigene Meinung.
• Schreibe im Präsens (Gegenwart).

Aaron möchte einen Sachtext über den Rothirsch schreiben.
Dazu hat er viele Informationen gesammelt.

○ **1** Lies Aarons Stichwörter.

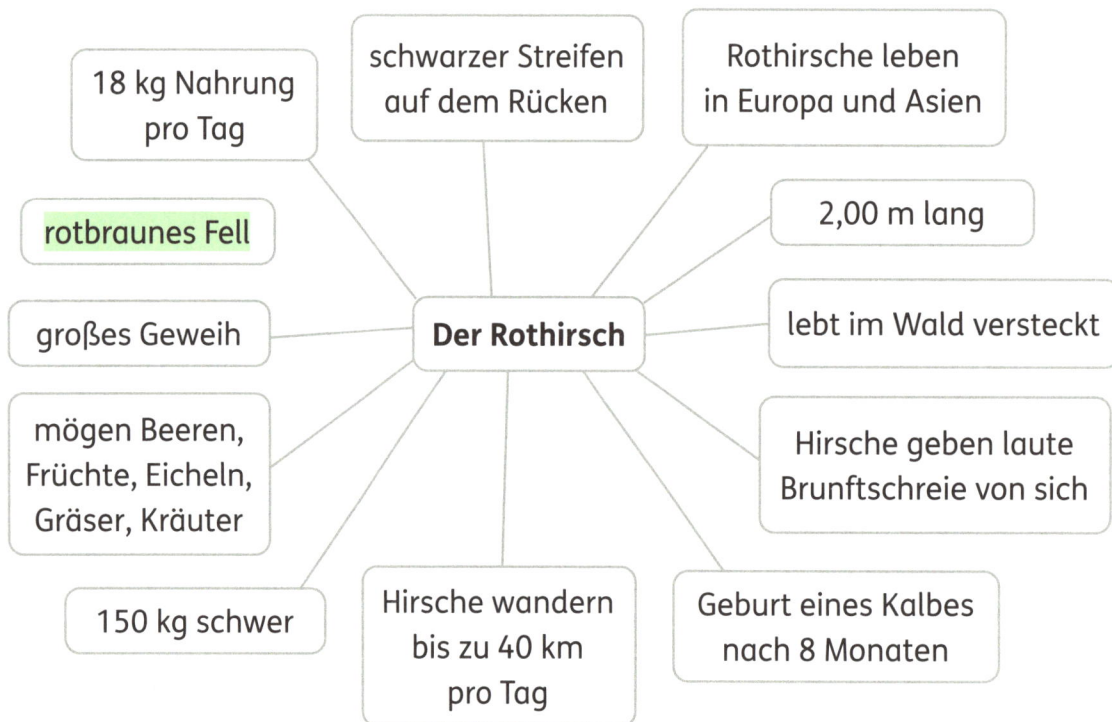

18 kg Nahrung pro Tag

schwarzer Streifen auf dem Rücken

Rothirsche leben in Europa und Asien

rotbraunes Fell

2,00 m lang

großes Geweih

Der Rothirsch

lebt im Wald versteckt

mögen Beeren, Früchte, Eicheln, Gräser, Kräuter

Hirsche geben laute Brunftschreie von sich

150 kg schwer

Hirsche wandern bis zu 40 km pro Tag

Geburt eines Kalbes nach 8 Monaten

◔ **2** Markiere alle Informationen zum Aussehen des Rothirsches.

◔ **3** Finde drei weitere Unterthemen. Markiere die Informationen.

◔ **4** Recherchiere und ergänze weitere Informationen.

◔ **5** Schreibe einen Sachtext zum Rothirsch.

R: S. 42 Nr. 5
Ü:
Der Rothirsch ...

42

→ LE
S. 98
S. 99

Einen Sachtext überarbeiten

○ **1** 👥 Lest den Anfang von Maximilians Sachtext zum „Wolf".

Wölfe

lang

Wölfe sind bis zu 1,40 Meter. Sie sind bis zu 90 hoch.

Sie wiegen ungefähr 50.

Wölfe haben ein graues mit rötlichen, gelblichen oder bräunlichen

Färbungen. Das Fell der besteht aus langen und festen Deckhaaren und

einem kurzen Unterfell. Die langen können Wölfe zu einer Mähne aufrichten.

Um die Schnauze herum ist das Fell der hell. Wölfe scharfe Reißzähne und

ein kräftiges Gebiss. Ihre Ohren sind aufgestellt und ziemlich kurz.

Wölfe sehen dem Schäferhund sehr. Der Schwanz der Wölfe ziemlich buschig.

● **2** 👥 Lest den Anfang des Sachtextes noch einmal.
Was fällt euch auf? Schreibt auf.

_____

● **3** 👥 Verbessert die Sätze in Maximilians Sachtext wie im Beispiel.

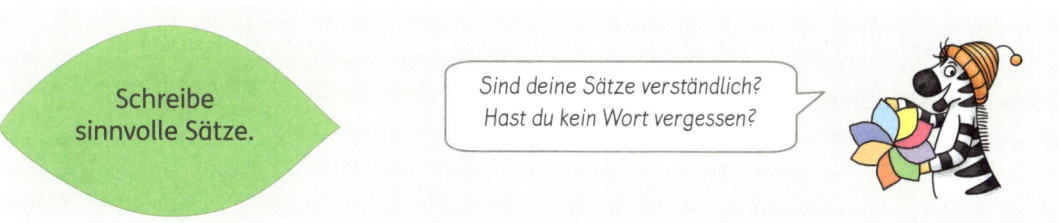

Schreibe
sinnvolle Sätze.

> Sind deine Sätze verständlich?
> Hast du kein Wort vergessen?

● **4** 👥 Überprüft eure Sachtexte von S. 42 in einer Schreibkonferenz.

→ LE
S. 99

Einen Sachtext am Computer schreiben

Mirjam hat einen Sachtext am Computer geschrieben.

○ **1** Warum ist das Wort unterstrichen? Finde es heraus und erkläre es.

_____

> Der fuchs Der fuchs hat einen buschigen Schwanz. Sein Fell ist rotbraun.

○ **2** Welche Funktion am Computer wurde benutzt?
Kreuze an und benenne.

○ **3** Was hat sich am Sachtext verändert? Schreibe auf die Linien.

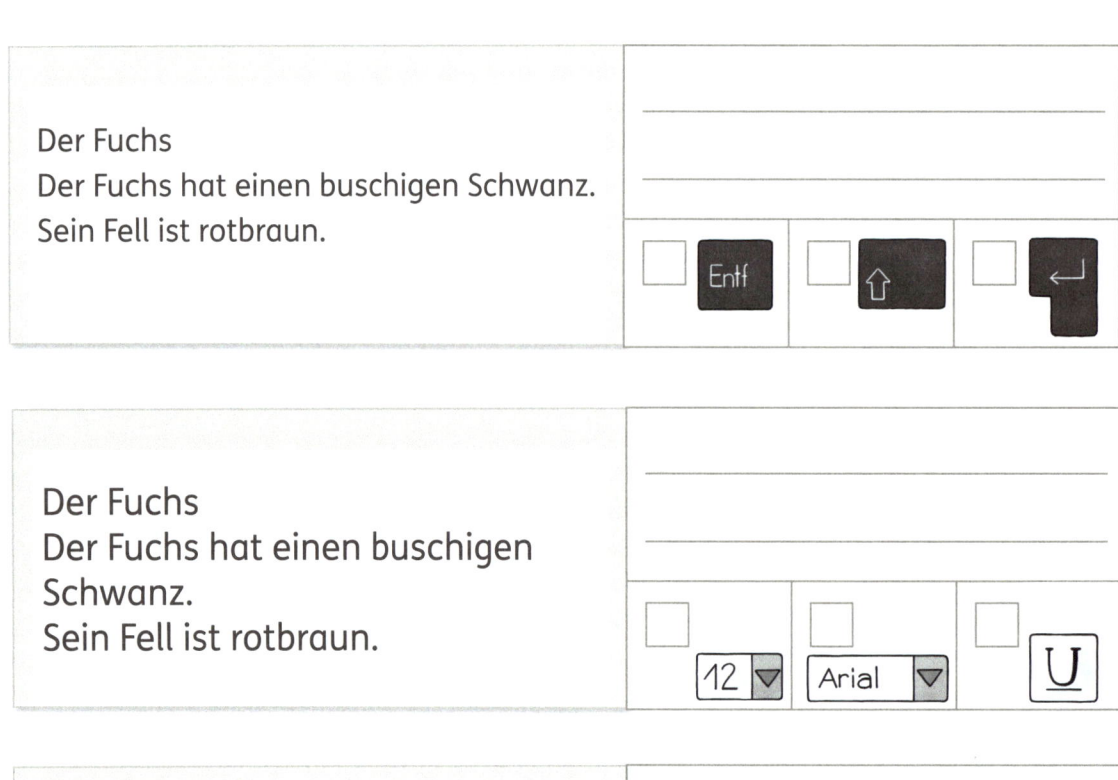

Der Fuchs
Der Fuchs hat einen buschigen Schwanz.
Sein Fell ist rotbraun.

_____
_____

☐ Entf ☐ ⇧ ☐ ↵

Der Fuchs
Der Fuchs hat einen buschigen
Schwanz.
Sein Fell ist rotbraun.

_____
_____

☐ 12 ▽ ☐ Arial ▽ ☐ U

Der Fuchs
Der Fuchs hat einen buschigen
Schwanz.
Sein Fell ist rotbraun.

_____
_____

☐ A ☐ **F** ☐ *K*

 4 Schreibe deinen Sachtext zum Hirsch von S. 42 am Computer und
gestalte ihn.

44

→ LE
S. 110
S. 111

Eine Fabel erkennen

Fabeln sind kurze und witzige Erzählungen.
Sie haben bestimmte Merkmale:

• In Fabeln begegnen sich mehrere Tiere.
• Die Tiere sprechen und handeln wie Menschen.
• Eine Fabel hat immer eine Lehre. Sie steht am Ende der Fabel.
  Aus ihr sollst du lernen, wie du dich richtig verhältst.

○ **1** Lies die Fabel.

Ein Fuchs und zwei Dummköpfe

Auf der Jagd trafen sich der Löwe und der Bär.
Gemeinsam konnten sie einen jungen Hirsch
fangen und töten.
Als sie die Beute teilten, begann der Streit.
Der Bär knurrte: „Ich fresse zuerst vom Hirsch!"
Jeder wollte das beste Stück vom Hirsch haben.
Zuerst stritten sie mit Worten, dann begann ein Kampf.
In diesem Moment kam der Fuchs vorbei.
Er sah den beiden eine Zeit lang zu. Der Fuchs feuerte sie sogar an.
Der Kampf war ausgeglichen. Dann gaben die beiden Kämpfer auf.
Sie waren sehr erschöpft und müde.
Der Fuchs sprach: „Ich habe Löwe und Bär besiegt!"
Dann packte er die Beute und verschwand damit im Wald.
Der Löwe und der Bär waren viel zu erschöpft, den Fuchs zu verfolgen.
Sie schauten sich beide an. Sie hatten nicht nur ihre Kraft verloren,
sondern auch ihre Speise. Der Löwe sprach: „Wenn zwei sich streiten,
freut sich der Dritte."

nach Aesop

Gibt es auch Fabeln über Zebras?

◑ **2** Markiere im Text die Merkmale einer Fabel.

● **3** Was lernst du aus der Fabel?
Schreibe auf.

_____

_____

→ LE
S. 112
S. 113

Zwischenüberschriften formulieren

○ **1** Lies den Text. Markiere unbekannte Wörter.

Wie die Menschen das Feuer nutzen lernten

Die Menschen waren nicht die Erfinder des Feuers.
Sie entdeckten das Feuer in der Natur, wenn ein Blitz einschlug.
Lange hatten die Menschen aber Angst vor den heißen Flammen.

Dann lernten die Menschen, das Feuer zu fangen.
Sie warteten, bis ein Blitz einschlug und ein Feuer verursachte.
Dann sammelten sie glühende Holzstücke. Damit konnten sie
ein Lagerfeuer entzünden. Dieses Feuer durfte aber nie ausgehen.

Die Menschen lernten, das Feuer zu nutzen.
Zunächst schlugen sie zwei besondere Steine aneinander.
Diese werden Feuersteine genannt. Dabei entstehen Funken.
Damit kann Zunder in Brand gesetzt werden.
Später rieben sie zwei trockene Holzstücke aneinander,
bis trockenes Gras Feuer fing.

Bis vor 200 Jahren machten die Menschen noch Feuer
mit Feuersteinen und Feuereisen.
Erst 1826 wurde das Streichholz erfunden,
kurze Zeit später das Feuerzeug.

Das Feuer lieferte den Menschen nicht nur Wärme und Licht.
Es schützte sie vor wilden Tieren, die Angst vor Feuer hatten.
Die Menschen konnten nun Fleisch braten und es damit haltbar machen.

◗ **2** Kläre die unbekannten Wörter.

◗ **3** Schreibe zu jedem Absatz eine Überschrift auf.

◗ **4** ✏🗣 Erklärt mit Hilfe der Zwischenüberschriften,
wie der Mensch das Feuer zu nutzen lernte.

*Zwischenüberschiften helfen dir,
einen Text vorzutragen.*

Name: Datum:

→ LE
S. 114–
S. 117

Informationen entnehmen

○ **1** Betrachte die Tabelle.

	Ätna	**Vesuv**	**Tambora**
Lage	Insel Sizilien (Italien)	bei der Stadt Neapel (Italien)	Insel Java (Indonesien / Asien)
Höhe	3.323 Meter	1.281 Meter	2.850 Meter
Häufigkeit der Ausbrüche	mehrmals pro Jahr	alle 10–200 Jahre	alle 50–100 Jahre
schlimmster Ausbruch	1664 Zerstörung der Stadt Catania	79 n. Chr. Zerstörung der Stadt Pompeji	1815; über 50.000 Menschen starben

◑ **2** Fülle die Lücken mit Hilfe der Tabelle.

Auf der Insel Sizilien liegt der _____.

Mit _____ ist er der größte

Vulkan Europas. Der schlimmste Vulkanausbruch

war im Jahr _____.

Die Stadt _____ wurde dabei zerstört.

In der Nähe der Stadt Neapel liegt der _____.

Er ist _____ hoch.

Der Vesuv bricht alle _____ aus.

Der schlimmste Vulkanausbruch war im Jahr _____.

Hier wurde die Stadt _____ komplett zerstört.

Auf der Insel Java liegt der _____.

Seine Höhe beträgt _____. Der Tambora bricht

alle _____ aus.

Der schlimmste Vulkanausbruch war _____.

Der Ausbruch war schlimmer als der des Vesuvs,

da _____ starben.

Das kann ich schon

1 Lies die Fabel. Markiere die Merkmale einer Fabel.

Rabe und Fuchs

Eines Tages hatte ein Rabe einen Käse gestohlen.

Er setzte sich mit dem Käse im Schnabel auf einen Baum.

Dort wollte er ihn verzehren.

Da kam der Fuchs vorbei. Beim Anblick des Käses lief ihm

das Wasser im Mund zusammen. Der Rabe merkte dies nicht.

Der Fuchs sprach: „Herr Rabe, dein Gefieder ist prächtig."

Der Rabe schwieg. „Alle Tiere haben Angst vor deinen Krallen."

Der Rabe schwieg. „Schade, dass du anscheinend stumm bist!"

Diesen Vorwurf ließ der Rabe nicht auf sich sitzen.

Er dachte nicht lange nach und öffnete seinen Schnabel.

Der Rabe begann laut zu krächzen.

Dabei fiel ihm der Käse hinunter.

„Was für eine wunderschöne Stimme", spottete der Fuchs.

Er schnappte sich den Käse und aß ihn auf.

Der Rabe dachte: „Ich falle nie wieder auf falsches Lob herein!"

---

2 Lies den Sachtext. Verbessere die Sätze wie im Beispiel.

Der Buntspecht

lang

Der Buntspecht ist 23 Zentimeter. Er hat eine Flügelspannweite von 44.

Der Buntspecht ist 90 Gramm. Er schwarze Federn und weiße Federn.

Dazwischen sind noch rote. Der Buntspecht nagelt für

sein Hämmern bekannt.

Mit seinem spitzen hackt er sich ein Loch in den Himmel.

Mit seiner langen Zunge er nach Insekten unter der Rinde.

Name: Datum:

Märchen-Zauber-Zeitmaschinen

→ LE
S. 124–
S. 127

Mit Sprache spielen

○ **1** Finde die fünf falschen Wörter im Text.
Streiche sie durch.

Die Erfindung des Kalenders

Die Menschen Tiere müssen sich ihre Zeit gut einteilen.
Damit dies gelingt, haben sie schon vor langer
Zeit gestern den ersten Kalender erfunden gefunden.
Er teilt unsere Zeit in gleichmäßige Abschnitte ein.
Die Jahre sind immer gleich. Ein Jahr hat 365 Tage.
Alle 4 Jahre gibt es ein Schaltjahr, dann hat
das Jahr 366 Tage. Auch die Tage, Stunden und
Minuten sind immer gleich. Ein Tag und zwei eine Nacht
haben zusammen 24 Stunden. Eine Stunde ist 60 Minuten
lang und eine Minute dauert 60 Sekunden Tage.

● **2** Verbinde die Redensarten mit
der passenden Bedeutung.

jemandem die Zeit stehlen •	• sterben
im Wettlauf mit der Zeit sein •	• sich beeilen
das Zeitliche segnen •	• jemanden aufhalten, obwohl der keine Zeit hat
die Zeit vergeht wie im Fluge •	• modern sein
mit der Zeit gehen •	• etwas nutzt sich ab
es nagt der Zahn der Zeit •	• etwas geht schnell vorbei

49

→ LE
S. 128–
S. 130

Eine Fantasiegeschichte planen und schreiben

○ **1** Lies die Einleitung.

Vor vielen hundert Jahren lebte ein Drache zusammen mit seiner Familie hinter den Hügeln im Land der Feuerdrachen. Er war 506 Jahre alt, ein eher junges Alter für einen Drachen. Trotzdem musste er sich Gedanken über seine Zukunft machen.

In einer Fantasiegeschichte haben Menschen Tiere oder Dinge übernatürliche Fähigkeiten.

◐ **2** Wie geht die Fantasiegeschichte weiter? Schreibe Stichwörter auf.

Hauptteil:	Schluss:

○ **3** Überlege dir eine Überschrift und trage sie oben ein.

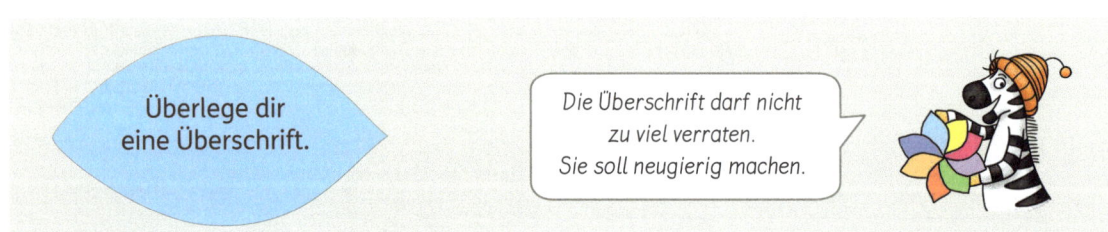

Überlege dir eine Überschrift.

Die Überschrift darf nicht zu viel verraten. Sie soll neugierig machen.

◐ **4** Schreibe deine Geschichte auf.

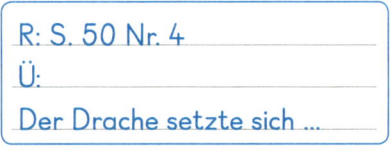

R: S. 50 Nr. 4
Ü:
Der Drache setzte sich ...

50

→ LE
S. 128–
S. 130

Aus der Sicht einer anderen Person schreiben

○ **1** Lies den Anfang der Fantasiegeschichte.

Der verliebte Drache

Vor vielen, vielen Jahren verliebte sich ein Drache
in eine wunderschöne Prinzessin.
Die Prinzessin wohnte in einem kleinen
Schlösschen in der Nähe seiner Höhle.
Jeden Morgen absolvierte der Drache
seine Flugübungen über ihrem Schlossgarten.
Wenn die Prinzessin ihn sah, winkte sie ihm zu
und freute sich über seine Kunststücke.

Wenn du etwas aus einer anderen Sicht erzählst, wechselst du die Perspektive.

◑ **2** Leon erzählt die Geschichte aus der Sicht des Drachen.
Was sagt die Prinzessin, wenn die Geschichte aus ihrer Sicht erzählt wird?

Vor vielen, vielen Jahren verliebte ich mich in eine wunderschöne Prinzessin.

Achte auf die Sicht, aus der eine Geschichte erzählt wird.

*Der **Ich-Erzähler** erlebt die Geschichte mit und schreibt aus seiner Sicht in der Ich- oder Wir-Form.*

◑ **3** Wähle eine Sicht aus. Schreibe die Einleitung auf.

○ **4** Schreibe die Geschichte aus deiner gewählten Sicht auf.
Denke an die Überschrift.

● **5** Überarbeitet eure Geschichten in einer Schreibkonferenz.

→ LE
S. 131

Fragen zu einem Text beantworten

○ **1** Lies den Text. Beantworte die Fragen.

Redensarten aus der Ritterzeit

Wenn jemand eingebildet oder hochnäsig ist, dann sagen wir manchmal, dass er uns **von oben herab behandelt** oder wir sagen: **Er sitzt auf einem hohen Ross**. Im Mittelalter saßen die Ritter und die reichen Leute oft hoch oben auf ihrem Pferd und haben von dort aus mit ihren Bediensteten gesprochen.

Im Mittelalter mussten die Menschen ihr Badewasser erst vom Brunnen holen, es dann über dem Feuer erwärmen und anschließend in einen großen Bottich schütten. Das war ziemlich aufwändig. Deshalb badete einer nach dem anderen in dem Wasser. Erst wenn der Letzte der Familie fertig war und das Wasser schon kalt und schmutzig war, wurde es weggeschüttet. Der Letzte hatte das schlechteste Wasser und musste es auch noch entsorgen – **er musste alles ausbaden.** Daher kommt die Redewendung: **Alles ausbaden müssen.**

Was bedeutet es, wenn jemand auf einem hohen Ross sitzt?

_____

_____

Woher holten die Menschen ihr Badewasser?

_____

Wie wurde das Wasser erwärmt?

_____

Warum war das Baden für den Letzten der Familie nicht so angenehm? Begründe.

_____

_____

52

→ LE
S. 133

Ein Gitterrätsel lösen

○ **1** In diesem Suchsel haben sich 7 weitere Wörter aus der Ritterzeit versteckt. Markiere sie.

Z	U	G	B	R	Ü	C	K	E	P
R	A	W	B	L	C	D	X	V	V
O	A	A	X	A	D	K	R	X	E
S	A	P	B	N	C	D	Ü	R	R
S	M	P	N	Z	P	F	S	Y	L
X	K	E	M	E	N	A	T	E	I
O	P	N	Q	R	E	U	U	E	E
T	U	V	W	X	Y	Z	N	A	S
S	T	E	I	G	B	Ü	G	E	L

Das ist ein altes Wort!

○ **2** Welche Bedeutungen haben die Wörter aus dem Rätsel? Ergänze.

Die Burg konnte mit Hilfe der Z_____ vor Feinden geschützt werden. Das Schlafzimmer in der Ritterburg hieß K_____.

Die Gefangenen kamen ins V _____.

Ein Ritter zog nur mit seiner kompletten R_____ in den Kampf.

Eine L_____ hatte er immer dabei und er saß hoch auf

seinem R_____. Ohne die S_____ hätte

er nicht auf sein Pferd steigen können.

Das W_____ auf dem Schild

zeigte an, zu welcher Ritterfamilie er gehörte.

Dadurch konnte man ihn sofort erkennen.

○ **3** 🖥📖 Sucht im Lexikon oder im Internet weitere Begriffe aus der Ritterzeit.

→ LE
S. 140–
S. 143

Eine Sage erkennen

Sagen sind besondere Erzählungen.
Ursprünglich wurden sie nur mündlich weitergegeben.
Erst viel später begann man, Sagen aufzuschreiben.
Du erkennst Sagen an folgenden Merkmalen:

- Sie handeln von berühmten Persönlichkeiten, von Helden,
  Göttern oder fantastischen Wesen.
- Sagen finden an Orten statt, die es wirklich gibt.
- Sagen spielen zu einer bestimmten Zeit.
- Durch Sagen werden Bräuche, Sehenswürdigkeiten
  oder die Entstehung von Orten erklärt.

○ **1** Lies die Sage über Europa.

◔ **2** Markiere die Merkmale einer Sage im Text.

Europa

Vor etwa 3.000 Jahren lebte eine Prinzessin namens Europa.
Sie war wunderschön. Europa liebte die Natur und die Tiere.
Als der Göttervater Zeus von ihrer Schönheit erfuhr,
wollte er sie unbedingt kennenlernen.

Er wusste, wie sehr sie Tiere liebte und
verwandelte sich in einen prächtigen Stier.
So traf Zeus auf Europa. Sie bewunderte
seine schöne Gestalt und kam näher.
Als sie sich auf seinen Rücken setzte,
sprang er auf und raste mit ihr davon.
Europa war verzweifelt und schrie um Hilfe.
Aber schon bald beruhigte sie sich wieder.
Sie fasste den Stier an den Hörnern und
ritt mit ihm bis zur heutigen Insel Kreta.
Das liegt in Griechenland.

Dort verwandelte sich der Stier zurück in Zeus.
Sie verliebten sich unsterblich ineinander
und gründeten eine Familie.
Der Erdteil, auf dem sie lebten, wurde
nach ihrem Namen benannt – Europa.

54

○ **3** Suche in der Sage zu jedem Merkmal eine passende Textstelle und ordne sie zu.

Berühmte Persönlichkeiten, Helden, Götter oder fantastische Wesen:

_____

Ort: _____

Zeit: _____

Entstehung von Bräuchen, Sehenswürdigkeiten oder Orten:

_____

◗ **4** Suche im Internet oder in Büchern eine weitere Sage.
Schreibe den Titel auf.

_____

◗ **5** Lege Erzählkarten in Stichwörtern an. Erzähle die Sage nach.

Einleitung:

Hauptteil:

Ich suche nach Sagen aus meiner Region!

Schluss:

→ LE
S. 144–
S. 147

→ WB
S. 60

Ein Referat planen

Einen Vortrag nennt man auch Referat.
Der Referent will seine Zuhörer über ein Thema informieren.

So bereitest du ein Referat vor:
- Sammle Informationen zu deinem Thema in Büchern oder im Internet.
- Du kannst auch Experten befragen. Mache dir Notizen.
- Ordne deine Informationen, gliedere sie in Unterthemen.
- Schreibe jedes Unterthema auf eine eigene Karteikarte und notiere dir Stichwörter zu den Unterthemen.
- Übe deinen Vortrag mit Hilfe der Karteikarten.

1 Lies den Text. Markiere Schlüsselwörter.

Johannes Gutenberg und die Erfindung des Buchdrucks

Johannes Gutenberg wurde um 1400 in Mainz geboren, wo er am dritten Februar 1468 starb. Er stammte aus einer reichen Kaufmannsfamilie und erlernte den Beruf des Goldschmieds. Früher konnten sich nur reiche Menschen Bücher leisten. Denn jedes Buch wurde von Hand abgeschrieben. Das war aufwändig, teuer und kostete viel Zeit. Deshalb gab es nur wenige Bücher. Johannes Gutenberg änderte dies: Er erfand den Buchdruck mit beweglichen Buchstaben. Gutenberg stellte für diese Lettern einen Buchstabenstempel her. Die Buchstabenstempel wurden auf Druckplatten zusammengesetzt und anschließend wieder auseinandergenommen. So konnten immer neue Wörter und Texte entstehen. Gutenbergs Idee war genial. Von da an entstanden überall Buchdruckereien. Dadurch konnten viel mehr Menschen lesen lernen.

2 Lege Karteikarten an. Schreibe Schlüsselwörter auf.

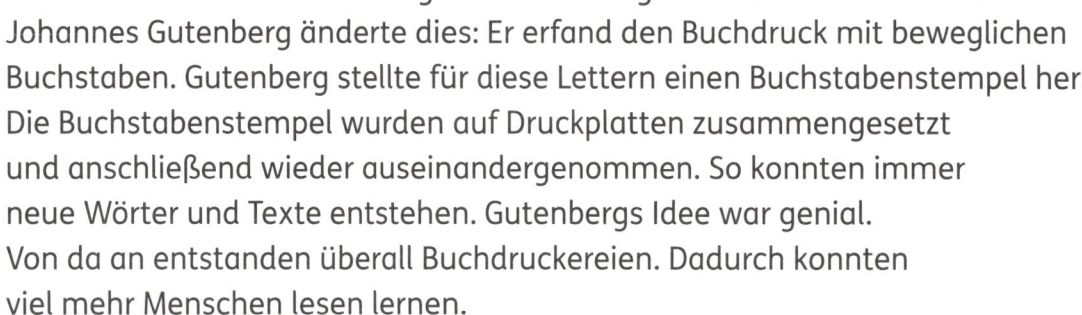

Das Leben des Erfinders	Die Erfindung
geboren 1400 in Mainz	...
gestorben 3.2.1468	
Goldschmied	**Nutzen der Erfindung**
reiche Kaufmannsfamilie	...

→ LE
S. 144–
S. 147

→ WB
S. 61

Ein Referat vortragen

Carl Benz * 25.11.1844
bei Karlsruhe
Erfindung
Automobil

Carl Benz wurde am 25. November 1844 in der Nähe von Karlsruhe geboren. Er erfand das erste Automobil.

Sprich in vollständigen Sätzen!

1 Welche Tipps solltest du beachten?
Ergänze passende Begründungen und schreibe sie neben die Satzanfänge.

Übe vor dem Spiegel, *damit du selbst deine Wirkung erkennst.*

Stelle dein Thema vor,

Sprich langsam und betont.
Sprich laut und deutlich,

Plane kurze Redepausen ein,

Schau deine Zuhörer an, *damit du siehst, ob sie deinem Vortrag folgen.*

Zeige beim Vortrag Bilder,

Carl Benz

Melitta Bentz

Alexander Graham Bell

Konrad Zuse

2 Plane ein Referat zu einem Erfinder oder einer Erfinderin.
Suche Informationen in Sachbüchern, im Internet oder frage nach.
Lege Karteikarten dazu an.

3 ⬭ Halte ein kleines Referat. Deine Notizen helfen dir dabei.

→ **LE**
S. 144–
S. 147

→ **WB**
S. 61

Feedback geben

Nach deinem Referat bekommst du von deinen Zuhörern ein Feedback.
Feedback ist das englische Wort für Rückmeldung.

- Zuerst fragen die Zuhörer, wenn sie etwas nicht verstanden haben.
- Danach erfährst du, was den Zuhörern gut gefallen hat.
- Am Schluss bekommst du Tipps, was du verbessern kannst.

1 Lies die Rückmeldungen, die Alina für ihr Referat bekommen hat.
Markiere ==gelb==, wo es noch Fragen gab, ==grün==, was den Zuhörern gefallen hat und
==rot==, was sie noch verbessern kann.

Du hast den Vortrag gut geübt.

Deshalb musstest du auch nicht so viel ablesen.

Dein Referat war interessant und ich habe viele neue Informationen bekommen.

Du hast langsam gesprochen und die Zuhörer angeguckt.

Wann hat der Erfinder die Maschine erfunden?

Ich kenne das Wort Dynamo nicht, kannst du es mir erklären?

Schön wäre es, wenn du beim nächsten Mal lauter sprichst.

Einige Erklärungen hätte ich noch besser verstanden, wenn du Bilder gezeigt hättest.

2 Lies die Rückmeldungen. Was fällt dir auf?

Du hast so undeutlich gesprochen wie immer.

Dein Vortrag war langweilig.

3 Schreibe das Feedback so auf, dass es für das Kind hilfreich ist.

_____

_____

_____

Name: Datum:

Das kann ich schon

○ **1** Lies den Text.

Wie Siegfried den Drachen besiegte

Ich

Siegfried ahnte nicht, dass in der Nähe ein Drache wohnte und

die Bäume von seinem Atem von Zeit zu Zeit in Flammen aufgingen.

Siegfried fällte einige Bäume und machte Feuer an. Dann setzte

er sich daneben und begann zu essen. Da kam der Drache.

Brüllend und Feuer spuckend griff er ihn an. Mit einem großen Sprung

wich Siegfried aus. Dann packte er einen der brennenden Baumstämme

und stieß ihn dem Drachen in den Rachen.

◑ **2** Wechsel in die Ich-Perspektive.

○ **3** Streiche die Wörter durch, die du verändern musst.
Schreibe das neue Wort darüber.
Lies nun die Geschichte aus der Sicht von Siegfried.

○ **4** Lies die Rückmeldungen, die Tim für sein Referat bekommen hat.
Markiere <mark>gelb</mark>, wo es noch Fragen gab, <mark>grün</mark>, was den Zuhörern gefallen hat und
<mark>rot</mark>, was er noch verbessern kann.

> Du hast langsam und betont gesprochen.
> Durch die kurzen Redepausen konnte ich dir gut zuhören.
> Versuche, die Zuschauer anzusehen.
> Was bedeuten die Wörter Lettern und Druckplatte?
> Durch dein Referat habe ich gelernt, wie wichtig
> diese Erfindung für die Menschen ist.
> Schön wäre es, wenn du beim nächsten Mal
> lauter sprichst.
> Einige Begriffe hätte ich noch besser verstanden,
> wenn du sie noch genauer erklärt hättest.

Leseabenteuer und Medienrummel

→ **LE**
S. 156–
S. 158

→ **WB**
S. 62
S. 63

Einen Bericht planen

Ein Bericht informiert über ein Ereignis oder einen Vorgang.
Er gibt Antworten auf folgende Fragen:
- Was geschah?
- Wo und wann geschah es?
- Wer war beteiligt?
- Wie war der Ablauf?

○ **1** Sieh dir das Bild genau an.

○ **2** Plane einen Bericht zum Bild.
Schreibe Stichwörter auf die Linien.

Was? _____

Wo? _____

Wann? _____

Wer? _____

Wie war der Ablauf?

_____

_____

_____

Name: Datum:

→ **LE**
S. 156–
S. 158

→ **WB**
S. 62
S. 63

Einen Bericht schreiben

Wenn du einen Bericht schreiben möchtest, gehe so vor:
- Schreibe nur auf, was tatsächlich passiert ist.
- Berichte ohne deine persönliche Meinung.
- Berichte kurz, aber genau.
- Schreibe im Präteritum (einfache Vergangenheit).
- Verwende keine wörtliche Rede.

Schreibe einen Bericht für die Schülerzeitung über das Stück „Tarzan im Wunderland".

Achte auf die Reihenfolge des Geschehens.

○ **1** Denk dir eine Überschrift aus.

_____

 ◔ **2** Schreibe einen Bericht über das Ereignis.

_____

_____

_____

_____

_____

_____

_____

_____

Halte die Erzählzeit ein.

Berichte im Präteritum:
er ist – er war
sie geht – sie ging
wir kommen – wir kamen
sie sehen – sie sahen.

 ◔ **3** Überarbeitet eure Berichte in einer Schreibkonferenz.

→ LE
S. 156–
S. 158

Einen Bericht überarbeiten

 **1** 👄 Lies den Bericht. Was fällt dir auf?

Tarzan im Wunderland

Letzte Woche habe ich mit meiner Klasse einen Ausflug gemacht.

Da haben wir das Stück „Tarzan im Wunderland" gesehen.

Das Stück war total langweilig. Doch auf einmal passierte etwas.

Tarzan schwingt mit einer Liane über die Bühne und landet nicht

auf der Bühne, sondern davor.

„Ob das zur Show gehört?", fragt mich mein Freund Bahran von der Seite.

„Mal sehen, ob er wieder aufsteht", antworte ich.

Das war ganz schön spannend. Zum Glück war nichts passiert.

Tarzan grinste und spielte weiter.

Da stimmt doch etwas nicht!

2 Überprüfe den Bericht mit Hilfe der Checkliste.

Bericht: Tarzan im Wunderland	☺	😐	☹
Was geschah?			
Wo geschah es?			
Wann geschah das Ereignis?			
Wer war beteiligt?			
Wie war der genaue Ablauf?			
Ich schreibe nur auf, was tatsächlich passiert ist, ohne meine persönliche Meinung.			
Ich berichte kurz und genau.			
Ich schreibe im Präteritum.			

 3 Überarbeite den Bericht mit Hilfe der Checkliste.

 4 👥 Vergleicht eure Berichte in einer Schreibkonferenz.

→ LE
S. 162

Ein Rätsel lösen

Chat	E-Mail	Startseite	Emoticon	WLAN

Tablet	Laptop	Viren

○ **1** Löse das Rätsel.

a   Schädlinge im Internet nennt man V_____.

b   Lustige Smileys und andere Zeichen heißen E_____.

c   Nachrichten schreibt man sich in einem C_____.

d   Es ist größer als ein Handy und kleiner als ein Laptop: T_____.

e   Wenn du eine Internetseite aufrufst, landest du als Erstes auf

der S_____.

f   Um sich ohne Kabel mit dem Internet zu verbinden,

braucht man W_____.

g   Wie heißt das Wort für „elektronische Post"? E_____.

h   Ein Computer zum Aufklappen heißt L_____.

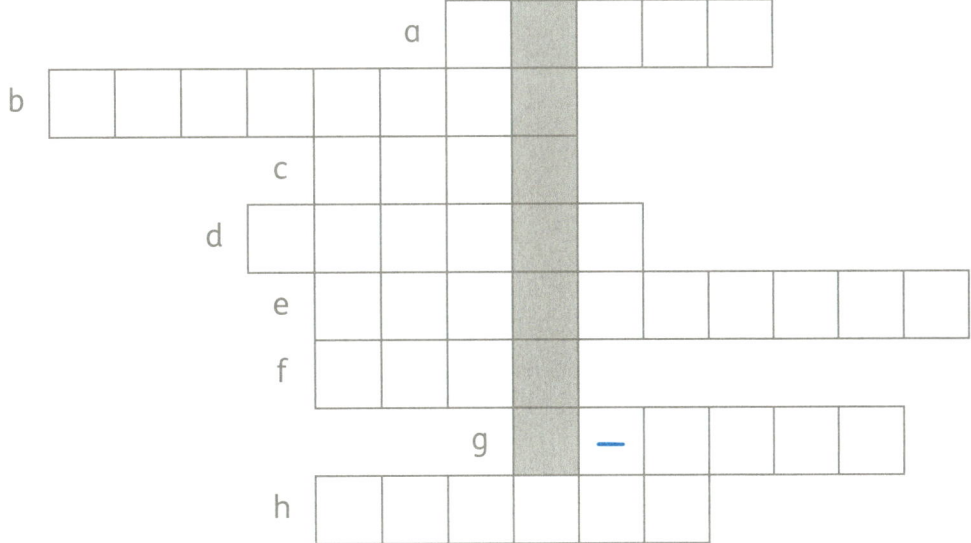

Lösung: ____ ____ ____ ____ ____ ____ ____ ____

⊖ **2** 👁️👁️ Sammelt weitere Begriffe zum Thema „Internet".

63

→ LE
S. 167–
S. 169

Filmwerbung bewerten

Für neue Filme gibt es unterschiedliche Formen der Werbung.
Eine Form ist das Plakat.

1 Warum fällt das Plakat besonders auf? Kreuze an:

☐ Der Titel des Films ist gut lesbar.

☐ Der Starttermin fällt besonders auf.

☐ Es werden auffällige Farben verwendet.

☐ Das große Foto/Bild macht neugierig.

☐ Es steht besonders viel Text darauf.

2 Gestalte dein eigenes Werbeplakat für einen Film mit Franz.
Um was soll es in dem Film gehen? Denke dir einen Titel aus.

Diese Checkliste kann dir helfen:

✓ Überlege, wer durch
  dein Plakat angesprochen
  werden soll.

✓ Wähle auffällige Farben.

✓ Wähle eine gut lesbare
  Schrift für den Titel
  des Films.

✓ Gestalte ein großes Bild,
  das neugierig macht.

Ich weiß einen Titel:
Franz auf Weltreise

64

→ **LE**
S. 170–
S. 173

→ **WB**
S. 64

Vom Text zur Szene: eine Szene planen

Für ein Theaterstück, ein Hörspiel oder einen Film benötigt man eine Textvorlage. Bei einem Film nennt man diese Vorlage Drehbuch.
Eine Szene ist ein Teil dieser Textvorlage. Aus der Textvorlage geht hervor:
- welche Personen mitspielen,
- was die Personen sagen,
- wie sie handeln,
- wo die Szene spielt.

○ **1** Lies den Text.

Und wer hat Amerika entdeckt?

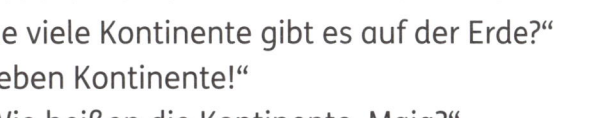

Die Klasse 4c hat Sachunterricht. Der Lehrer Herr Wiese ruft Maja auf. „Wie viele Kontinente gibt es auf der Erde?"
Sie antwortet: „Sieben Kontinente!"
Er fragt weiter: „Wie heißen die Kontinente, Maja?"
Maja erwidert: „Eins, zwei, drei, vier, fünf, sechs, sieben!"
„Maja, lustige Witze kommen später dran", antwortet Herr Wiese streng. „Konrad, kennst du die richtige Antwort?"
Konrad erwidert: „Vier Mal A, E, S und N!"
„Jetzt wird es mir aber langsam zu bunt mit euch! Letzte Ermahnung!", schimpft Herr Wiese. „Konrad, wie heißen die sieben Kontinente?"
Konrad antwortet: „Südamerika, Nordamerika, Afrika, Asien, Australien, Antarktis und Europa, Herr Wiese!"
Dann fordert Herr Wiese Max auf: „Max, zeig' mir, wo Südamerika und Nordamerika liegen!"
Max steht auf und zeigt auf die Karte. Es ist korrekt.
„Und wer hat Amerika entdeckt?", fragt Herr Wiese zum Schluss.
„Max!", antwortet Maja und alle brechen in Gelächter aus.

○ **2** Welche Personen spielen mit? Ordne sie einer Farbe zu:

🟨 _____ 🟧 _____ 🟦 _____ 🟩 _____

◑ **3** Markiere die wörtliche Rede in den entsprechenden Farben.

○ **4** Wo spielt die Szene?

_____

65

→ **LE**
S. 171–
S. 173

→ **WB**
S. 65

Vom Text zur Szene: einen Dialog schreiben

Wenn du einen Text in einen Dialog umgestalten möchtest,
gehe so vor:
* Schreibe auf, welche Person spricht und was sie sagt.
* Überlege dir, wie die Personen etwas sagen und schreibe es
  an den Rand.

1 Schreibe nun die wörtliche Rede von S. 65 als Dialog auf.

ernst	Herr Wiese: „Wie viele Kontinente gibt es auf der Erde?"

2 Ergänze, wie die Sprecher etwas sagen könnten,
und schreibe es an den linken Rand.

66

→ **LE**
S. 171–
S. 173

Vom Dialog zum Drehbuch: eine Aufführung planen

1 Fülle die Textvorlage für die Szene aus.

Ort:	
Wer spielt wen?	
Welche Gegenstände/ Requisiten brauchen wir?	

2 Überlege dir, wie sich die Personen während der Aufführung verhalten sollen. Ergänze die Regieanweisungen für die anderen Personen.

Herr Wiese	*läuft vor der Tafel hin und her*
Maja	
Konrad	
Max	

3 Spielt die Szene einer Gruppe vor.

→ LE
S. 174
S. 175

Unbekannte Wörter klären

1 Lies den Text. Markiere unbekannte Wörter.

Vom Buch zum Film

Zuerst braucht man eine gute Story, aus der ein Film entstehen kann.

Das kann ein Buch sein, ein Erlebnis oder eine Geschichte.

Ein Autor schreibt dann zu dieser Story ein Drehbuch. Bevor der Film

gedreht wird, muss man noch viele andere Dinge planen,

z. B. ein Casting für die richtigen Schauspieler, die Suche nach

Locations für den Dreh und die Auswahl der Kostüme und Requisiten.

Nachdem der Film gedreht ist, ist die Arbeit noch lange nicht fertig.

Der Filmschnitt und die Komposition der Filmmusik sind Dinge,

die danach entstehen. Auch der Trailer und die andere Werbung

für den Film entstehen erst dann.

---

2 Wähle drei unbekannte Wörter aus. Suche die Erklärung im Lexikon,
im Internet oder frage nach.

3 Schreibe die unbekannten Wörter mit Erklärung auf.

_____   _____

    _____

_____   _____

    _____

_____   _____

    _____

4 ✍ Vergleicht eure Ergebnisse. Tauscht euch aus.

68

→ **LE** S. 177
→ **WB** S. 66

Einen offiziellen Brief schreiben

Bei einem offiziellen Brief musst du die Form einhalten. Gehe so vor:

- Beginne mit dem Absender, dem Empfänger, Ort und Datum.
- Schreibe einen Betreff (ein Stichwort, das aussagt, um was es geht, z. B. **Bewerbung**).
- Nutze eine höfliche Anrede, z. B. Sehr geehrte Damen und Herren ...
- Schreibe den Brieftext sachlich.
- Schreibe die Anrede im Brieftext groß: Sie, Ihre, Ihnen ...
- Schreibe am Schluss eine offizielle Grußformel (z. B. Mit freundlichen Grüßen).

1 Ergänze, was fehlt.

Kinderstar gesucht!

Wir suchen dich und dein Talent!
Hast du Lust, auf der Bühne zu stehen?
Kannst du etwas ganz Besonderes?
Dann bringen wir dich groß raus.
Singe, tanze und zeige uns, was du kannst.
Wenn du zwischen 8 und 14 Jahre alt bist,
schreibe an: Talentschuppen
                    Sternchenstraße 10
                    45823 Wunderland

[Absender]
Cindy Rella
Sternstraße 15
00815 Pusemukkel

[Empfänger]

_____

_____

_____

[Datum]
Pusemukkel, 9. April 2019

[Betreff]
Bewerbung „Kinderstar gesucht!"

Sehr geehrte Damen und Herren,

_____

_____

_____

Mit freundlichen Grüßen
Cindy Rella

Das kann ich schon

1 Beantworte die W-Fragen für einen Bericht.

Was? _____

Wo? _____

Wann? _____

Wer? _____

Wie war der Ablauf? _____

_____

_____

2 Ordne den Personen Farben zu. Markiere.
Schreibe einen Dialog mit Anweisungen zu diesem Text.

Im Laden
Eine Frau kommt in den Laden. „Ich hätte gerne eine Zitrone,
eine Paprika und zwei Zwiebeln." „Sehr gerne", sagt der Verkäufer,
„brauchen Sie eine Tüte?"
„Nein!", erwidert die Frau. „Können Sie mir die Sachen nach Hause liefern?"
Der Verkäufer antwortet: „Leider nicht, gnädige Frau, unser Lastwagen ist
gerade mit einem Kopfsalat unterwegs!"

Von Winterfreuden und Sommerdüften

→ LE
S. 186
S. 187

Piktogramme erklären

○ **1** Schaut euch das Bild an. Sprecht darüber.

○ **2** Was bedeuten die Piktogramme oben im Bild? Schreibe auf.

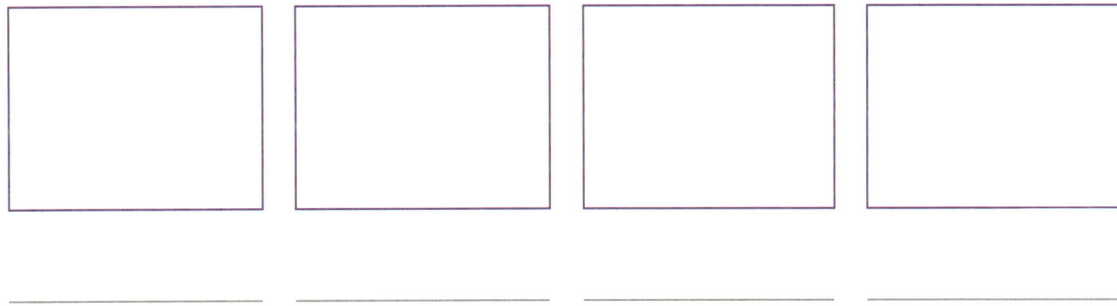

◒ **3** Male passende Piktogramme zu den Erklärungen.

Hunde an der Leine führen	Autos verboten	Eis essen verboten	Fahrradweg

◒ **4** Denkt euch weitere Piktogramme aus. Schreibt auf ein Kärtchen die Erklärung, auf das andere malt ihr das Piktogramm.

→ **LE**
S. 188

Einen Text vortragen

○ **1** Lies den Text.
Überlege dabei, welche Gefühle zum Text passen.

○ **2** Markiere Wörter, die du betonen möchtest.
Zeichne Striche ein, wo du Pausen machen möchtest.

Herbstbild

Dies ist ein Herbsttag, | wie ich keinen sah! |

Die Luft ist still, als atmete man kaum.

Und dennoch fallen raschelnd, fern und nah,

die schönsten Früchte ab von jedem Baum.

O stört sie nicht, die Feier der Natur!

Dies ist die Lese*, die sie selber hält.

Denn heute löst sich von den Zweigen nur,

was von dem milden Strahl der Sonne fällt.

Friedrich Hebbel

● **3** Lies den Text betont vor.

● **4** Lass dir ein Feedback geben.

● **5** Welche Tipps sind für dich hilfreich? Schreibe.

_____

_____

*Lese: Ernte

72

→ LE
S. 189

Ein Gedicht auswendig lernen

○ **1** Lies das Gedicht.

Der Herbst steht auf der Leiter

Der Herbst steht auf der Leiter

Und malt die Blätter an,

Ein lustiger Waldarbeiter,

Ein froher Malersmann.

Er kleckst und pinselt fleißig

Auf jedes Blattgewächs,

Und kommt ein frecher Zeisig*,

Schwupp, kriegt der auch nen Klecks.

Die Tanne spricht zum Herbste:

Das ist ja fürchterlich!

Die andern Bäume färbste,

Was färbste nicht mal mich?

Die Blätter flattern munter

Und finden sich so schön.

Sie werden immer bunter.

Am Ende falln sie runter.

Peter Hacks

● **2** Markiere Schlüsselwörter und male dazu.

● **3** Lerne das Gedicht auswendig. Trage es betont vor.

*Zeisig: Vogel

→ **LE**
S. 192
S. 193

Einen Comic schreiben

1 Schau dir den Comic an. Was könnten die Personen sagen?
Schreibe in die Sprechblasen.

Überschrift: _____

2 Denke dir eine Überschrift aus.

→ LE S. 194

Ein Gedicht umschreiben

○ **1** Lies das Gedicht.

Weihnachten

Markt und Straßen sind verlassen,
still erleuchtet jedes Haus.
Sinnend geh ich durch die Gassen,
alles sieht so festlich aus.

An den Fenstern haben Frauen
buntes Spielzeug fromm geschmückt.
Tausend Kindlein stehn und schauen,
sind so wunderstill beglückt.

Und ich wandre aus den Mauern
bis hinaus ins freie Feld,
hehres Glänzen, heiliges Schauern!
Wie so weit und still die Welt.

Joseph von Eichendorff

◖ **2** Markiere Schlüsselwörter.

◖ **3** Schreibe das Gedicht als Erzähltext auf.

Die Straßen sind verlassen. Es ist ganz still ...

_____

_____

_____

_____

_____

_____

◖ **4** Lest euch die Texte vor.
Überarbeitet sie in einer Schreibkonferenz.

→ LE
S. 195

Eine Anleitung schreiben

○ **1** Schau dir die Bilder an.

◐ **2** Schreibe die Anleitung mit Hilfe der Stichwörter auf.

Vorsicht mit dem warmen Wasser!

Plastikflaschen Safttüten abschneiden

ausspülen abspülen säubern

mit Wasser befüllen Wanne vor die Haustür bei Frost unter null Grad

Eisbausteine lösen zusammenbauen kleben warmes Wasser

_____
_____
_____
_____

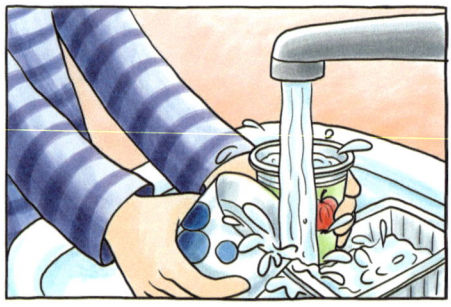

_____
_____
_____
_____

_____
_____
_____
_____

_____
_____
_____
_____

→ LE
S. 198

Stolperwörter im Text finden

1 Lies den Text und suche die Stolperwörter.
Streiche sie durch.

Winter im Wichtelwald

Die Winter im Norden sind lang und kalt,
hoch liegt der Schnee im stillen kalt Wald.
Nichts rührt sich, alles schläft und ruht,
in warmen Nestern träumt sich's gut.
Da huscht was zwischen Baum Traum und Strauch,
die Mütze rot, die Nase Hase auch ...

Der Waldwichtel dreht seine deine Runde,
wie jeden Tag zur gleichen Stunde.
Der Meise bringt er ein paar Sterne Kerne,
denn die mag sie besonders gerne.
Sie plaudern dies und das und heiter,
dann kommt der Fuchs – und sie fliegt liegt weiter.

Doch heute will der Fuchs nicht jagen sagen.
Er ist krank seit ein paar Tagen,
und sein Hals tut ihr ihm so weh.
Der Wichtel macht ihm warmen Klee Tee,
eine Wurst, die gibt ihm Kraft,
und zum Nachtisch Hustensaft!

Eichhörnchen ruft: „Ich grüße dich!
Hast du nicht zwei eine Kuss Nuss für mich?
Ich find im Schnee nicht – welch ein Jammer –
die Tür zu meiner seiner Vorratskammer!"
Auch damit kann der Wichtel dienen,
er gibt ihm Nüsse und Rosinen.

Outi Kaden

2 Finde die Reimwörterpaare.
Markiere jedes Paar in einer anderen Farbe.

3 Schreibe eine Strophe richtig in dein Heft
und lerne sie auswendig.

*In jeder Strophe sind
drei Stolperwörter.*

→ LE
S. 198

Ein Parallelgedicht schreiben

○ **1** Lies das Gedicht.

Frühling

Frühling

Eines Morgens

ist der Frühling da.

Die Mutter sagt,

sie **riecht** ihn in der Luft.

_____

_____

_____

_____

Pit **sieht** den Frühling.

An den Sträuchern im Garten

sind hellgrüne Tupfen.

_____

_____

_____

Anja **hört** den Frühling.

Neben ihr, auf dem Dach,

singen die Vögel.

_____

_____

_____

Unten vor dem Haus

steigt Vater in sein Auto.

Er **fühlt** den Frühling.

Die Sonne scheint warm

auf sein Gesicht.

_____

_____

_____

_____

_____

Christine Nöstlinger

2 Schreibe ein Parallelgedicht. Tausche die grünen Wörter aus.
Du musst nicht alle grünen Wörter ersetzen.

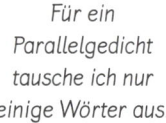

Für ein
Parallelgedicht
tausche ich nur
einige Wörter aus.

3 Trage dein Parallelgedicht vor.

Genau lesen: Logical

→ LE
S. 200
S. 201

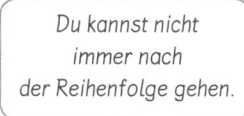

Du kannst nicht immer nach der Reihenfolge gehen.

1 Lies zuerst den ganzen Text.

- Karotten sind seine Lieblingsknabberei.
- Der Korb steht im linken Haus.
- Max liebt Marzipaneier. Er lebt im Haus neben Norbert.
- Lasses Haus hat die meisten Fenster.
- Der Hase, der gerne Kohl frisst, lebt im linken Haus.
- Die neuen Turnschuhe stehen in der Haustür bereit.
- Der Hase rechts neben Max benutzt lieber einen Rucksack.

2 Lies nun Satz für Satz.
Trage in die Tabelle ein.

	linkes Haus	mittleres Haus	rechtes Haus
Name			
Arbeitsgerät			
Lieblingsessen			

3 Schreibe die richtigen Namen auf die Türschilder.
Du kannst das Bild am Ende farbig ausmalen.

→ LE
S. 203

Einen Versuch protokollieren

○ **1** Lies die Anleitung.

1. Befülle drei Töpfe mit Erde.

2. Lege in jeden Topf Grassamen.

3. Schneide in einen Karton ein Loch
in den Deckel.
In den nächsten Karton schneidest du
ein Loch in die Seite.
Der letzte Karton bleibt heil.

4. Stelle in jeden Karton einen Topf.

5. Stelle die Kartons auf die Fensterbank
eines sonnigen Fensters.
Halte die Erde feucht.

Du brauchst:
3 Pflanztöpfe
Blumenerde
Gießkanne
3 Schuhkartons mit Deckel
Schere
Oster-, Weizen-
oder Katzengrassamen

● **2** Vermute, was passiert.

_____

_____

○ **3** 👥 Führt den Versuch durch.

● **4** Beschreibe, was passiert.

 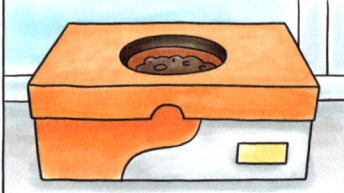 

_____   _____   _____
_____   _____   _____
_____   _____   _____
_____   _____   _____

80

Mit Sprache spielen: Frühlings-ABC

→ LE
S. 204
S. 205

1 Finde zu möglichst vielen Buchstaben
ein Wort, das zum Frühling passt.

A _____

B _____

C _____

D _____

E _____

F _____

G _____

H IMMLISCH

I _____

J _____

K _____

L _____

M ARZIPANEIER

N _____

O _____

P _____

Q UARK

R _____

S _____

T _____

U _____

V ERLIEBT

W _____

X _____

Y _____

Z _____

2 Schreibe zwei Sätze, in denen du möglichst
viele Frühlingswörter verwendest.

*Bei den Sätzen
muss ich manchmal
Wörter anpassen.*

_____

_____

_____

_____

_____

_____

_____

→ LE
S. 209

Eine Abschlusszeitung planen und schreiben

Zur Erinnerung an eure Grundschulzeit könnt ihr eine Abschlusszeitung erstellen.

1 Klärt folgende Fragen in einer Besprechung:

Wie soll eure Zeitung heißen?

_____

Wer soll die Zeitung bekommen?

_____

Wer kann euch helfen?

_____

Wie soll sie aussehen?

_____

2 Gestaltet ein Cover am Computer.

3 Überlegt euch Themen, zu denen ihr schreiben möchtet.

Klassenfahrt

Abschlusszeitung

Die besten Geschichten

4 Einigt euch, wer für welchen Artikel verantwortlich ist. Schreibt den Namen dazu.

5 Schreibe deinen Artikel am Computer.

6 Überarbeitet die Artikel in einer Schreibkonferenz.

Ich habe so viele Erinnerungen!

82

○ **7** Fülle die Seite **Wir über uns** aus und gestalte sie.

Wir über uns

Name: _____

E-Mail: _____

Telefon: _____

Adresse: _____

Geburtstag: _____

Hobbys: _____

_____

_____

Mein schönstes Erlebnis in der Grundschule:

_____

_____

_____

_____

Meine Freunde: _____

_____

_____

_____

Berufswunsch: _____

_____

_____

_____

→ LE
S. 209

Über die Zukunft nachdenken

○ **1**  Seht euch das Bild an.

○ **2** Sprecht über eure gemeinsame Zeit in der Schule.
Was war besonders schön?

_____

_____

○ **3** Denke an deine neue Schule und beantworte die Fragen:

Worauf freust du dich?

_____

Wovor fürchtest du dich?

_____

Was willst du aus deiner alten Schule mitnehmen?

_____

Wie wünschst du dir deine neuen Lehrer?

_____

○ **4** Lest euch die Ergebnisse vor und tauscht euch aus.

Tschüss

84

© Ernst Klett Verlag GmbH, Stuttgart 2020 | www.klett.de | Nur zum individuellen Gebrauch. Kopieren und Vervielfältigen nicht gestattet.

🟢	das Schriftzeichen
🟢	das Stäbchen
🔴	die Note
🔴	die Lernkarte
🔴	die Methode
🔴	die Unterrichtsstunde
	organisieren
🟢	das Thema
🔴	die Vorderseite
🔴	die Rückseite
	hüpfen
	erschöpft

🔴	die Tatsache
🔵	der Gegenstand
🔴	die Beschreibung
🔴	die Eigenschaft
🟢	das Material
	sachlich
🔴	die Checkliste
	eckig
	rund
🔴	die Klassenfahrt
	verschwinden
	trösten

🔵	der Sport
	sich verlieben
🔵	der Geburtstag
	fröhlich
	glücklich
	traurig
	wütend
🔴	die Träne
🔵	der Liebesbrief
🟢	das Herz
🔴	die Angst
🟢	das Theater

	küssen
🔵	der Applaus
	sich entschuldigen
	meckern
	launisch
	ärgerlich
🔴	die Umfrage
🟢	das Ergebnis
🔵	der Wettkampf
🔴	die Leichtathletik
🔴	die Diskussion
🔴	die Tabelle

Meine Wörter

Name: Datum:

🟢	das Trikot
🟢	das Gebüsch
	sich trennen
🔴	die Stiefmutter
🔵	der Zwilling
🟢	das Projekt
	präsentieren
	durchführen
🔵	der Autor / 🔴 die Autorin
🔵	der Illustrator / 🔴 die Illustratorin
🔴	die Hauptperson
🔴	die Textstelle

	spannend
	überraschend
	empfehlen
	begründen
🟢	das Recht
🔵	der Beruf
🔴	die Information
🔴	die Auswahl
🟢	das Interview
	auswerten
	festhalten
	vorgehen

🔵	der Wald
🔴	die Lärche
🔴	die Eiche
🔵	der Pilz
	sammeln
	schützen
	essbar
🟢	das Reh
🔵	der Rothirsch
🟢	das Wildschwein
🔵	der Wolf
🔵	der Fuchs

	röhren
	heulen
	grunzen
	listig
	bissig
🟢	das Feuer
🟢	das Licht
	nutzen
	heiß
🔵	der Vulkan
🔵	der Ausbruch
	zerstören

86

Meine Wörter

●	der Kalender
●	die Minute
●	die Sekunde
●	der Drache
●	die Prinzessin
	winken
	hochnäsig
●	der Brunnen
	aufwändig
●	die Ritterburg
●	die Rüstung
●	der Erdteil

●	der Stier
	prächtig
	verzweifelt
	geboren
	gestorben
●	die Erfindung
●	die Idee
	genial
	herstellen
●	der Zuhörer
●	der Vortrag
	brüllen

●	der Bericht
●	das Geschehen
●	das Ereignis
●	der Ablauf
●	die Meinung
	passieren
	vollständig
●	der Chat
●	die E-Mail
●	das Laptop
●	der Film
	korrekt

●	die Szene
●	der Dialog
●	das Drehbuch
●	die Requisite
●	die Anweisung
	besorgen
	verhalten
	drehen
●	der Filmschnitt
	entstehen
	überlegen

Name:

Datum:

Herbst	
🔴	die Natur
🔴	die Frucht
🔴	die Lese
🔵	der Zweig
🔵	der Strahl
	still
	mild
	rascheln
🔵	der Zeisig
	färben
	flattern

Winter	
🟢	das Eichhörnchen
🟢	das Rentier
🟢	das Weihnachtsgeschenk
	erleuchtet
	festlich
	glänzen
🟢	das Glänzen
	befüllen
🔵	der Frost
🔵	der Schnee
🔵	der Wichtel

Frühling	
🔴	die Blüte
🔴	die Hummel
🟢	das Marzipanei
🟢	das Osterfeuer
🔴	die Karotte
🔵	der Samen
	sonnig
	feucht
	himmlisch
	vermuten
	beschreiben

Sommer	
🔵	der Abschluss
🔴	die Erinnerung
	erstellen
🔴	die Besprechung
	gestalten
	gemeinsam
🟢	das Fest
	freuen
	fürchten
🔴	die Zukunft
	verantwortlich